GLOBALIZAÇÃO E FILOSOFIA

MICHAEL REDER

GLOBALIZAÇÃO E FILOSOFIA

UMA INTRODUÇÃO

Tradução

ROBINSON DOS SANTOS

Edições Loyola

Título original:
Globalisierung und Philosophie
© Original edition: Globalisierung und Philosophie
2009 by WBG (Wissenschaftliche Buchgesellschaft), Darmstadt.
Hindenburgstrasse 40, 64295 – Darmstadt, Germany
ISBN 978-3-534-21667-3

Dados Internacionais de Catalogação na Publicação (CIP)
(Câmara Brasileira do Livro, SP, Brasil)

Reder, Michael
Globalização e filosofia : uma introdução / Michael Reder ; [tradução Robinson dos Santos]. -- São Paulo : Edições Loyola, 2013.

Título original: Globalisierung und philosophie
Bibliografia.
ISBN 978-85-15-03994-4

1. Ética 2. Filosofia política 3. Globalização 4. Globalização - Filosofia I. Título.

13-01343 CDD-320.01

Índices para catálogo sistemático:
1. Globalização : Filosofia política 320.01

Preparação: Maurício Balthazar Leal
Capa: Walter Nabas
Foto de Wong Sze Fei / © PhotoXpress
Diagramação: So Wai Tam
Revisão: Renato da Rocha

Edições Loyola Jesuítas
Rua 1822, 341 – Ipiranga
04216-000 São Paulo, SP
T 55 11 3385 8500
F 55 11 2063 4275
editorial@loyola.com.br
vendas@loyola.com.br
www.loyola.com.br

ISBN 978-85-15-03994-4

SUMÁRIO

INTRODUÇÃO

1

Avaliação ambivalente da globalização

"As coisas deste mundo encontram-se constantemente numa espécie de fluxo tal que nada permanece na mesma condição por muito tempo." Essa expressão do filósofo político John Locke (1632-1704) parece hoje mais atual do que nunca. A vida na sociedade global está submetida a uma mudança sempre mais veloz: novas tecnologias viabilizam possibilidades de comunicação e informação inimaginadas, o crescimento conjuntural de espaços de negócio permite a formação de uma economia global com uma elevada dinâmica própria, e as discussões políticas em torno do papel das Nações Unidas são uma prova do significado crescente das instituições políticas mundiais.

Neste mundo globalizado, porém, não foram poucos os problemas que surgiram nos anos que passaram. Os acontecimentos de 11 de setembro e a Guerra do Afeganistão ou a do Iraque são, enquanto conflitos violentos, com certeza apenas uma ponta do *iceberg* dos conflitos globais. Ao mesmo tempo, a pobreza é um problema grave como sempre: mundo afora, mais de um bilhão de seres humanos vivem abaixo da linha da pobreza, o que significa que eles dispõem de menos do que um dólar americano por dia para viver. Mas também em muitos outros âmbitos surgem áreas de conflito. As discussões sobre a mudança climática, em especial seus efeitos sobre os países em desenvolvimento, permanecerão com certeza, também nos próximos anos, política e mundialmente explosivas.

Para a descrição de todos esses fenômenos, frequentemente é empregado o termo "globalização". Esse conceito cintilante caracteriza genericamente a concentração e a aceleração de relações que ultrapassam limites em âmbitos diferenciados como a política, a economia ou a cultura. Muitos personagens antigos, mas também muitos novos, são parte desse processo.

A globalização é no debate público um fenômeno altamente polêmico. As opiniões, portanto, estão largamente divididas. Para alguns a globalização é um fenômeno extremamente positivo. A economia mundial crescente, assim é seu argumento, contribui para o bem-estar de todos os seres humanos e também ajuda a resolver o problema da pobreza. Além disso, a globalização inaugura um passo importante na direção de uma ordem pacífica global. Pelo mundo afora a paz está sempre ao alcance. Organizações não governamentais, como a Anistia Internacional ou o Greenpeace, são expressões simbólicas da vitalidade das discussões globais a caminho desse destino.

Para o lado oposto o fenômeno mostra-se exatamente na perspectiva contrária: globalização é para os seus críticos um desenvolvimento político que não diminui os desníveis de poder entre ricos e pobres, países industrializados e em desenvolvimento, mas os aumenta ainda mais. Empresas globalmente agentes procurariam apenas maximizar seus lucros e se voltariam cada vez menos ao estado social geral. Outrossim, em tempos de globalização, os perigos de guerra aumentam em vez de diminuir.

Examinando de um modo mais acurado percebe-se que ambos os lados não são convincentes. A globalização é, como muitos outros fenômenos sociais, ambivalente. Nos diferentes âmbitos encontram-se vantagens e desvantagens, em parte intricadas de modo complexo umas nas outras. Desse modo, na fase atual da globalização, nem a paz mundial poderia ser estabelecida, nem a pobreza como problema global poderia ser superada. Mas, ao mesmo tempo, os impulsos econômicos globais contribuiriam para um desenvolvimento sustentável em muitos países, como por exemplo os do Leste asiático. Os múltiplos esforços das Nações Unidas (por exemplo, as conferências mundiais sobre diferentes temas, como sustentabilidade ou questões de gênero) também propiciaram uma consciência global dos problemas e podem conduzir à tomada de algumas decisões políticas.

A globalização pode, portanto, ser adequadamente analisada e discutida com propriedade, somente quando não se adentra apressadamente para o lado da glorificação ou para o da satanização, mas quando se traça uma imagem equilibrada dos desenvolvimentos globais ambivalentes.

Globalização como fenômeno histórico

A globalização não é um fenômeno novo. Os historiadores mostram, ao contrário, que a história dos últimos quinhentos anos já percorreu vários impulsos de globalização. A época entre 1450 e 1500 é exemplarmente uma dessas fases. Ela é caracterizada por graves rupturas sociais e científicas, que atraíram para si um crescimento de relações em diversos planos. Nesse contexto podem ser denominados os entrelaçamentos espaçotemporais que se estabeleceram mediante as inúmeras navegações pelos oceanos e os negócios entre diferentes regiões e continentes. Esta época é, ao mesmo tempo, caracterizada por pesquisas científicas e inovações tecnológicas que modificaram tanto a vida cotidiana como as visões de mundo em múltiplas perspectivas — a começar pela tipografia e estendendo-se até a cosmovisão heliocêntrica, que evidencia que a Terra não é o centro do universo, mas que todos os planetas giram em torno do sol. Também politicamente esta fase é marcada por mudanças radicais. O poder real e o papal vivenciaram resistências (desde os movimentos conciliares até a Reforma), tensões sociais marcaram a vida das comunidades (agitações camponesas) e foram indicativas de uma nova ordem do sistema político. Em perspectiva filosófica vieram, neste impulso, a redescoberta de antigos ideais, o aperfeiçoamento individual e espiritual do homem e o ideal de igualdade, sempre mais à tona. A religião, em contrapartida, perdia com isso — ao menos parcialmente — sua pretensão de absolutez.

Todos esses desenvolvimentos mencionados apontam para o fato de que nessa época do Renascimento encontrava-se um impulso antigo da globalização que tem semelhanças com a situação presente. A dimensão global da ação social ficou especialmente evidente. Naturalmente, esse impulso globalizante, sobretudo em virtude da situação técnica, política e econômica inicial, tinha outra dimensão quantitativa e qualitativa que a globalização atual. Apesar disso, muitos historiadores veem neste tempo, com base na semelhança estrutural dos desenvolvimentos, o fenômeno da globalização aparecer pela primeira vez na tela social (global).

Historicamente, para a pesquisa sobre globalização é de um interesse especial sobretudo a época do final do século XIX, pois neste período houve igualmente um impulso globalizante que apresenta semelhanças até maiores com o desenvolvimento atual. Após 1871 as fronteiras nacionais tornaram-se sempre mais permissivas e o comércio além-fronteiras ganhou agilidade. Esse desenvolvimento partia amplamente dos Estados nacionais, razão pela qual esse processo é predominantemente caracterizado como uma fase da internacionalização. Ao lado dos Estados estavam no plano global apenas poucos atores significativos.

Em diversas perspectivas os Estados industrializados estavam na época economicamente entrelaçados de um modo forte como hoje, motivo pelo qual essa fase é por vezes caracterizada também como a primeira globalização. O comércio global com mercadorias registrava altas taxas de crescimento com valores semelhantes aos de hoje. Mas também problemas globais mostravam-se pela primeira vez muito claramente: o grande número de migrantes trabalhadores e pobres entre o Velho e o Novo Mundo são um indicativo disso. A cisão entre os países ricos do Norte e os países pobres do Sul mostra-se igualmente pela primeira vez de um modo retumbante. Sem dúvida, esses países do Sul eram na primeira globalização, em sua maioria, fornecedores de matéria-prima e mercado consumidor dos bens dos poderes coloniais integrados no comércio mundial e pouco participavam dos efeitos de bem-estar de tal comércio. Essa assim chamada primeira globalização foi subitamente interrompida pela Primeira Guerra Mundial.

Com isso são apontados dois exemplos históricos de impulsos globalizantes. Mas então quais são os aspectos mais importantes que podem ser conectados com a globalização atual? Antes que sejam apresentadas as características centrais a partir de uma perspectiva filosófica, devem ser apontados aqui de modo breve alguns aspectos centrais que frequentemente são ligados com o conceito de globalização.

Primeiro devem certamente ser mencionadas as múltiplas instituições globais que, desde a Segunda Guerra Mundial, foram construídas em diferentes campos temáticos. A nova configuração das ligas dos povos como sistema das nações unidas com suas diversas especialidades e suborganizações é para isso um exemplo impressionante. Mas também o surgimento de instituições globais para o âmbito econômico mostra isso, por exemplo a fundação do Banco Mundial, do Fundo Monetário Internacional e do Acordo Geral Comercial Aduaneiro, o precursor da atual Organização Mundial do Comércio, que para muitos é a expressão paradigmática da globalização econômica. O significado crescente de organizações no plano continental, por exemplo a União Europeia, é igualmente parte desse desenvolvimento. Tais redes de cooperação transnacionais também são uma parte importante da globalização. Na medida em que tais instituições ultrapassam os Estados nacionais, denomina-se também, em parte, transnacionalização a fase de seu estabelecimento.

Com a queda do muro [de Berlim], o processo transnacional de formação de redes ganhou nitidamente mais uma vez velocidade e intensidade. Transnacionalização se tornou globalização. Esse desenvolvimento conduz desde então a uma "concentração e [uma] aceleração de interações que ultrapassam fronteiras" desconhecidas deste modo, conforme formula paradigmaticamente um estudo muito citado do grupo científico de trabalho para as tarefas eclesiais mundiais da Conferência Episcopal Alemã (WISSENSCHAFTLICHE ARBEITSGRUPPE... 1999, p. 12). Globalização é desde os anos de 1990 um processo não mais apenas dos Estados, mas dos indivíduos, instituições e organizações dos mais diferentes tipos. A Third World Network (a Rede Terceiro Mundo) é exatamente um ator no palco social mundial tanto quanto o Comitê Olímpico, a Al Qaeda ou a Chanceler Alemã. A sociedade mundial como um todo é o pano de fundo diante do qual se encontra essa formação de redes de atores diferenciados. Naturalmente, com isso a globalização é um processo extraordinariamente estratificado.

A globalização tem por isso dimensões diferentes. Com frequência é designado em primeiro lugar o âmbito da economia como elemento central. O aumento das capacidades de produção mundiais é justamente um comprovante da globalização econômica como o crescimento do comércio mundial com bens e finanças ou o crescente engajamento de empreendimentos transnacionais. A liberalização do comércio mundial, sobretudo por meio da eliminação de controle alfandegário, propiciou certamente o fortalecimento desses desenvolvimentos. Considerados meramente pelo prisma econômico, o surgimento e o crescimento da economia mundial não conduziram automaticamente a um estado de bem-estar para todos os homens. Apesar do comércio mundial em ascensão, a pobreza mundial é, portanto, como sempre, um dos desafios centrais da globalização.

É importante que não se reduza a globalização nem positiva, nem negativamente ao âmbito econômico. Ela implica muito mais, também processos em muitos outros âmbitos da sociedade mundial, como, por exemplo, nos da política, da ciência ou também da cultura. A globalização traz consigo justamente nestes âmbitos múltiplas transformações. Não por último favorecidas por um enorme progresso tecnológico no setor de transportes e comunicações, as culturas voltaram-se claramente para uma proximidade — elas tornaram-se reciprocamente experienciáveis. A internet e seus desdobramentos são símbolo desse desenvolvimento. A mobilidade humana influencia também não apenas o setor econômico (como, por exemplo, mediante o crescente número de trabalhadores migrantes), mas é também um fator de influência importante na dimensão cultural da globalização.

Filosofia da globalização e filosofia prática

A reflexão sobre a globalização, numa perspectiva sistemática, tem sua sede no âmbito da filosofia prática. Neste campo a filosofia discute questões da ética, do direito ou do Estado, da economia e da política. Naturalmente a filosofia prática não deve ser aí claramente separada da filosofia teórica. Já o olhar sobre a filosofia antiga atesta de modo inequívoco que a questão em torno da razão está estreitamente ligada à reflexão sobre a sociedade política. Também as discussões em torno de uma compreensão convincente sobre verdade, linguagem ou conhecimento têm neste sentido abrangente sempre também um significado para a filosofia prática.

A filosofia prática é, nesta compreensão ampla, o contexto da reflexão sobre a globalização. Para a questão acerca de uma filosofia da globalização (atual) parece fazer sentido, por isso, retomar de modo breve a situação da filosofia prática no final do século XX.

Nesse contexto destaca-se, primeiramente, que a reflexão filosófica sobre política, economia ou sociedade até a metade do século XX desempenhou um papel subordinado, sobretudo porque questões políticas ou sociais eram vistas como secundárias diante de interpretações da realidade, do conhecimento e da linguagem. Todavia, desde os anos de 1970 isso se modificou radicalmente. A filosofia prática viveu desde esse período uma enorme renascença. Ela não ganhou importância apenas nos cânones universitários, mas toma parte desde então cada vez mais nos discursos públicos. Desse modo, a teoria da justiça de John Rawls (1921-2002) ou a teoria do discurso de Jürgen Habermas (1929-), por exemplo, já não são apenas ensinadas nos auditórios de universidades, mas também discutidas na esfera pública no contexto de questões políticas atuais.

A filosofia prática do final do século XX torna a sociedade como um todo e o âmbito do político, jurídico e econômico em particular o âmbito objetual de seus questionamentos: como pode ser descrita e interpretada filosoficamente a sociedade? O que são discursos sociais predominantes? Como esses discursos normatizam o comportamento cotidiano e qual influência eles exercem sobre a política? Como devem ser filosoficamente julgadas as instituições políticas? Quais orientações a ética pode dar para a política?

No sentido da referida compreensão ampla de filosofia prática, a função política da filosofia não consiste unicamente em refletir sobre a sociedade e a política e desenvolver recomendações para o discurso público. Quando filósofos refletem sobre a realidade, eles abrem, a saber, independentemente de suas questões de conteúdo, sempre novas perspectivas sobre o mundo que, por sua vez, podem ter um efeito político. Nesse sentido eles desconstroem o normal aparente e evidente e trabalham de um modo criativo em novas possibilidades de interpretação do mundo.

Quando filósofos como Richard Rorty (1931-2007) argumentam, por exemplo, que os homens deveriam abandonar a ideia de uma verdade abrangente, isso tem naturalmente também consequências políticas consideráveis para a interpretação da realidade global. Mais adiante será tematizado, no caso de Rorty, quais são essas consequências. Mas pode ser mantida desde já a ideia de que a filosofia também e sobretudo é política, na medida em que ela abre novas perspectivas sobre a realidade. Michel Foucault (1926-1984) caracterizou essa proposição sobre filosofia em uma conversa intitulada *O filósofo mascarado* (1980) da seguinte maneira: "Filosofia como atividade. Pois filosofia é um movimento, com a ajuda do qual, não sem esforço ou hesitação, não sem sonhos ou ilusões, se se liberta daquilo que vale como verdadeiro e procura-se por outras regras do jogo. Filosofia é um deslocamento e uma transformação das estruturas do pensamento, a modificação dos valores estabelecidos e todo trabalho que é feito para se pensar de outro modo, para se fazer de outro modo e ser de outro modo do que se é".

Consideradas historicamente, tais funções políticas da filosofia deixam-se ulteriormente reconhecer de modo simples. Isso mostra novamente um olhar sobre a fase da globalização na Renascença. Nesta época do século XV os filósofos eram pouco políticos na medida em que teriam elaborado descrições da sociedade. Em vez disso eles desenvolveram novas perspectivas sobre a situação transformada em um plano filosófico geral. Desse modo, colocaram o indivíduo no centro da filosofia (cf. Giovanni Pico della Mirandola, 1463-1494), discutiram o condicionamento do conhecimento humano (cf. Nicolau de Cusa, 1401-1464) ou enfatizaram a vida ativa (cf. Nicolau Maquiavel, 1469-1527). Na medida em que os filósofos mostraram que não havia mais nenhuma ordem política estável assegurada divinamente, a estruturação humana do espaço foi claramente elevada. Com isso a filosofia desse período foi enormemente política, sem que ela tenha colocado decididamente no centro a filosofia prática.

Cosmópolis — um antigo ideal filosófico

A filosofia prática é, pois, o contexto da reflexão sobre a globalização. Nessas discussões da filosofia prática é colocada sempre com mais frequência em jogo a tradição do cosmopolitismo. Já desde os antigos e fortalecido desde o Esclarecimento, enfatizam os filósofos com relação a este conceito que os homens como cidadãos do mundo estão (de modo mais ou menos estreito) em ligação uns com os outros. Em formas diferenciadas são extraídas a partir desta ideia de uma comunidade cosmopolita as consequências éticas e políticas. Com a globalização essa questão acerca da comunidade mundial e da relação dos cidadãos do mundo entre si é hoje colocada de nova forma.

As respostas da filosofia a essa questão resultam, todavia, certamente diferentes nos dias de hoje: Otfried Höffe (1943-) argumenta por uma república federativa mundial para a transformação política da justiça global, isto é, para um sistema democrático mundial baseado no direito, que pode ser compreendido como uma realização política da cosmópolis. Julian Nida-Rümelin (1954-) defende, ao contrário, uma forma branda de cosmopolitismo em que a pluralidade de formas culturais de vida devem ser conectadas com uma ética universal. Jürgen Habermas (1929-), por sua vez, advoga em suas considerações em perspectiva cosmopolita em prol da construção de novos procedimentos políticos para a negociação de normas globais. E Rüdiger Safranski (1945-) enfatiza, recorrendo a Carl Schmitt (1888-1985), que a humanidade como unidade até mesmo não existe e, contrariamente a isso, ele fortalece a função de uma abertura da cosmópolis: o cosmopolita quer, em épocas nas quais o pensamento político se mostra muito estreito ou racionalista, chamar a atenção para os limites da ação humana e, com isso, libertar o pensamento de tendências homogeneizantes ultrapassadas.

Estabelecendo-se uma comparação entre as proposições que são discutidas neste plano cristalizam-se apesar de todas as diferenças alguns temas e questões comuns do cosmopolitismo: que papel desempenham os atores novos e tradicionais na situação cosmopolita atual?. Como se deve interpretar a relação entre unidade e diferença na época da globalização? Como se relacionam normas globais e a pluralidade de mundos da vida culturais? Como pode ser entendido o conceito de cidadão do mundo e o que ele implica para os homens enquanto indivíduos? E como pode e deve ser estruturada politicamente a cosmópolis no futuro?

A reflexão sobre a cosmópolis não surgiu apenas nos anos recentes. Em retrospectiva, ela se estende até a filosofia antiga. Demócrito (460-371 a.C.), por exemplo, propôs a tese de que todos os homens, por conta de sua capacidade racional, estariam "em casa" em qualquer lugar no mundo. Diógenes de Sinope (404-324 a.C.) foi o primeiro a cunhar o conceito de cidadão do mundo, com o qual ele enfatizou o copertencimento de todos os homens. Zenão (490-430 a.C.) deu um passo além e destacou o caráter utópico do cosmopolitismo, na medida em que ele caracterizou a cosmópolis como um sonhado ideal. Nisso ele pensava já em uma espécie de Estado mundial superador das fronteiras. Os representantes da Stoa argumentavam, partindo da compreensão de uma razão universalmente abrangente, que todos os homens por natureza formam uma comunidade. A partir daí foram derivadas também consequências jurídico-contratuais bem concretas para o plano internacional, como por exemplo o estabelecimento de um poder de litígio comum para a proteção do Templo de Delfos.

As diferentes proposições para a cosmópolis na Antiguidade evidenciam que os filósofos já muito cedo haviam refletido sobre a necessidade e as possibilidades concretas de uma convivência pacífica de todos os homens. A razão era vista em variantes diferenciadas como instância de garantia de que os homens podem conhecer sua interdependência e, por isso, são interessados na política pacífica. Tais ideias antigas sobre o cosmopolitismo foram tomadas e reelaboradas por diferentes autores na Idade Média e na Modernidade.

Essa reflexão sobre o cosmopolitismo é um importante pano de fundo para a presente filosofia da globalização. As ideias acima esboçadas serão retomadas em diferentes passagens e ao final do livro questionar-se-á novamente quais consequências podem ser extraídas para um futuro cosmopolitismo.

Objetivo da presente introdução

Esta introdução à filosofia da globalização gostaria de abordar ambos os planos: o da filosofia prática em particular e o da função política da filosofia em geral. Por um lado, a presente introdução pergunta quais contribuições a filosofia prática pode proporcionar para a reflexão sobre política, economia ou cultura diante dos desenvolvimentos globais. Por outro lado, será analisado também que função política pode ter hoje a filosofia, antes de mais nada pela exploração de novas perspectivas fundamentais sobre a realidade. Em ambas as direções deve ser discutido em que medida o fenômeno da globalização pode ser descrito e esclarecido como forma moderna da cosmópolis.

O discurso sobre o cosmopolitismo em tempos de globalização foi aberto recentemente e é levado adiante igualmente por filósofos e cientistas sociais. Com isso fica explícito que também a filosofia da globalização precisa ser orientada de modo interdisciplinar. Somente por uma integração de modelos de pensamento e argumentação podem ser postas à luz as muitas possíveis facetas da dinâmica global. Tal multidisciplinaridade (ou também denominada transdisciplinaridade quando deve ser enfatizado com mais força o aspecto que se sobrepõe às disciplinas) visa à desvinculação do objeto de investigação de uma análise unilateral. A globalização não pode, por isso, ser esclarecida de modo suficiente apenas pela economia, pela sociologia, pela ciência política ou pela filosofia, mas uma imagem de conjunto coerente resulta apenas mediante um entrelaçamento dessas visões disciplinares. Para o desenvolvimento de uma perspectiva abrangente sobre a globalização faz sentido, portanto, provocar um diálogo entre as disciplinas, para com isso tornar frutífero para as demais o seu potencial de crítica mútua.

O presente volume compreende-se como uma introdução à filosofia da globalização. Por isso serão retomados textos originais apenas quando este propósito é corroborado e as citações sejam de fácil compreensão. Além disso, os argumentos filosóficos serão continuamente confrontados com experiências do cotidiano sobre a globalização e ampliados. Para isso as proposições filosóficas serão esclarecidas de modo que ofereçam uma compreensão geral.

A reflexão sobre a filosofia da globalização segue ao todo cinco passos: (1) Primeiramente será questionado, acima de tudo, qual contribuição a filosofia pode oferecer para a descrição da globalização. Quais são, da perspectiva filosófica, os pontos centrais na perspectiva de uma descrição convincente da realidade global? (2) Enquanto ética exige-se da filosofia a reflexão sobre os fundamentos normativos da convivência entre os homens. Quais normas e fundamentações de normas a filosofia pode oferecer para uma tal ética da globalização e quais delas podem ser convincentes? (3) A filosofia ocupou-se desde sempre também com a política como campo importante do agir humano. Neste âmbito trata-se menos de normas para a convivência humana e mais da questão de modelos políticos e estratégias convincentes. Quais estímulos a filosofia pode trazer para uma política mundial na época da globalização? (4) Muitos filósofos destacados se ocuparam nos vinte anos passados com o tema da globalização. A título de exemplo serão escolhidos cinco autores, e seus esclarecimentos sobre a globalização serão apresentados: John Rawls, Jürgen Habermas, Richard Rorty, Michael Walzer (1935-) e Jacques Derrida (1930-2004). (5) Com base em campos concretos exemplares selecionados, questionar-se-á, por fim, o que a filosofia em uma perspectiva aplicada pode contribuir para o atual discurso sobre a globalização. Trata-se aí, entre outras coisas, do terrorismo, da economia mundial e do papel das religiões em perspectiva global.

Eu agradeço cordialmente pelas inúmeras observações e contribuições a Sanna Inthorn (University of East Anglia Norwich), Dina Brandt (Frauenhofer-Gesellschaft) e Johannes Müller (Institut für Gesellschaftspolitik München).

DESCREVENDO A GLOBALIZAÇÃO

2

O Estado é tudo?

Quando se pergunta sobre quem tem o significado político mais relevante como ator em um mundo globalizado, ainda é respondido com frequência: o Estado nacional. Essa resposta tem uma longa tradição — também na filosofia. O Estado nacional pareceu ser por muito tempo o ator mais importante no palco mundial, que determinava o acontecer social, econômico e político (mundiais). Por isso, quando se escreve nos livros históricos sobre os acontecimentos globais nos duzentos anos passados relata-se acima de tudo sobre os Estados nacionais e seus defensores.

A característica central do Estado nacional na perspectiva da filosofia prática é sua soberania. A soberania expressa sua independência ou, precisamente, seu direito de autodeterminação. Isso pode ainda ser subdividido em duas direções. De um lado, o Estado é soberano internamente, o que quer dizer que ele toma suas decisões de maneira autônoma e, assim, organiza independentemente sua vida política interna. A soberania se relaciona, ao mesmo tempo, também com as relações externas, isto é, o Estado é soberano no estabelecimento de relações políticas com seus próximos. Ele pode assumir relações diplomáticas, assinar contratos ou ingressar em instituições internacionais que cooperam em um âmbito para além das próprias jurisdições. O sistema nas Nações Unidas apoia-se essencialmente sobre esse direito de autodeterminação dos Estados, por isso a lei de não intromissão nas questões de Estados soberanos era um dos pilares centrais e, em grande medida, ainda o é.

Olhando para a história da filosofia, esta ênfase no Estado como o ator mais importante no plano global encontra-se, por exemplo, em Immanuel Kant (1724-1804). Este, com seu escrito *À paz perpétua* (1795), será sempre uma fonte de referência no discurso sobre a globalização. Nessa obra, que expõe como um tratado de paz é estabelecido, Kant diferencia o direito do Estado, o direito dos povos e o direito cosmopolita. Ao direito dos povos, ou seja, o direito nas relações entre os Estados, é conferido um significado especial, relativamente à questão da estruturação da dinâmica global. O ponto de partida dos processos globais é, com isso, o Estado, o qual é, em sentido kantiano, o ator primário no direito dos povos. Processos globais estruturam-se na medida em que Estados interagem ou cooperam reciprocamente com relação a situações problemáticas.

No local onde Kant tematiza a coexistência de todos os homens no mundo inteiro, o Estado nacional é o primeiro ponto de referência. Este é ator primário, no qual os homens são ligados uns aos outros numa unidade e que, através de uma ordem republicana, pode resolver os problemas da coexistência da melhor maneira. Descrever a globalização significa, portanto, analisar as interações dos Estados nacionais.

Este pensamento encontra-se até hoje como elemento fundamental na descrição de processos globais. Por isso, até os anos de 1970 falava-se, na maioria das vezes, mais sobre o fenômeno da internacionalização e menos sobre a globalização. Com isso foi trazido à tona que os processos globais se originam, sobretudo, a partir da interação entre os Estados. Suas ações determinam os desenvolvimentos globais e são, por isso, também responsáveis, em última instância, pelo êxito ou pelo fracasso da formação de estruturas globais.

Em diversas perspectivas acentua-se hoje que tal compreensão da globalização como internacionalização é limitada. Nisso é destacado primeiramente que o Estado nacional não é mais o ator político exclusivo no plano global. Em segundo lugar, questiona-se criticamente se a compreensão de soberania não se modificou acentuadamente e, com isso, também o espaço de ação do Estado nacional.

No interior de processos globais complexos — esta é a tese central — o próprio Estado está submetido a uma transformação, tanto interna quanto externa. Quanto à soberania externa, muitos cientistas apontam para o fato de que o reconhecimento do Estado por outros Estados, isto é, por outros atores globais, hoje não é mais dado automaticamente. Sempre mais os Estados são obrigados a prestar contas e, com isso, sua soberania externa é conferida sempre de novo por diferentes atores. Esse reconhecimento internacional é promovido, em parte, pelas instituições políticas (como a justiça internacional, por exemplo) e, em parte, também pelos atores não estatais (como organizações não governamentais ou agências de consultoria). Os Estados reagem, por exemplo, diante de relatórios críticos de organizações não governamentais como a Anistia Internacional ou orientam estratégias econômico-políticas segundo os *rankings* publicados pelas agências internacionais. Os Estados veem-se, portanto, submetidos a um processo constante de reconhecimento. Eles não podem mais determinar sua ação política de modo isolado e tornam suas decisões dependentes de muitas outras instituições não estatais.

A soberania estatal transforma-se, todavia, também internamente. As transformações sociais dos últimos cinquenta anos conduziram, sobretudo, a uma restrição das possibilidades de controle hierárquico e, em seu lugar, permitiram o surgimento de formas integradas em rede de condução da política. Política consiste cada vez menos em decisões visivelmente inequívocas do aparato estatal que se traduzem administrativamente num sentido hierárquico. Em vez disso, o Estado está articulado em uma rede de diferentes grupos (de empresas, passando por organizações não governamentais até associações esportivas) que apresentam a ele todas as suas pretensões. A condução política mostra-se, por isso, frequentemente como um agir em redes.

Por meio de tal forma de condução integrada de condução política modifica-se também o conceito de soberania. Um Estado mostra-se soberano não mais quando controla seus cidadãos, mas na medida em que ele, por meio da ação integrada, ouve diferentes grupos de interesse e conjuga suas propostas no processo político. Os políticos das mais diversas orientações tornam-se sempre mais moderadores de processos de entendimento e negociação. Na verdade permanece no Estado, naturalmente, a primazia jurídica e, como sempre, a construção, isto é, o assegurar as correspondentes linhas diretivas. O empreendimento político operativo é certamente incompreensível doravante sem a integração do Estado em redes sociais complexas.

Ambas as transformações da soberania interna e externa mencionadas não são, por princípio, separáveis uma da outra de modo inequívoco, pois processos globais conduzem a uma complexificação de processos políticos. Decisões políticas no plano interno sem uma perspectiva política externa são hoje quase incompreensíveis, e o mesmo vale para o contrário. A antiga separação aparentemente tão clara entre política interna e política externa desaparece. Relações globais transformam, portanto, novamente de um modo especial a soberania interna e externa do Estado e, na verdade, na perspectiva de um condicionamento recíproco de ambos os aspectos da soberania.

Questões relacionadas ao aumento de impostos ou à segurança, por exemplo, não podem mais ser isoladas do contexto global. Estados não são mais internamente soberanos de modo que possam dar conta dessas tarefas desprezando a trama estrutural global. Pelo contrário, eles estão também nestes âmbitos reciprocamente obrigados a prestar contas e necessitam orientar sua política interna sempre mais de acordo com circunstâncias externas (compare, por exemplo, os critérios de estabilidade da união monetária europeia).

Mediante as transformações tanto da soberania externa quanto da interna, aquilo que compõe o Estado e sua soberania precisa ser compreendido de um novo modo. A seguinte descrição da estatalidade pós-nacional, do politólogo Michael Zürn (1959-), seria, por isso, aceita por muitos teóricos da globalização: "Como resultado, deixa-se portanto aventar a hipótese de que na constelação pós-nacional as dimensões da estatalidade se diferenciam [...] Estatalidade pós-nacional é, neste sentido, estatalidade se desfiando. Estatalidade desfibrada" (Zürn 2001, p. 17). O Estado na era da globalização é desafiado a se colocar em um discurso sobre essas transformações das soberanias interna e externa.

Para a descrição da globalização pode ser mantido o seguinte: por um longo tempo, cientistas e políticos compreenderam globalização como internacionalização. O ator primário era o Estado, que era o soberano, tanto interna quanto externamente. O surgimento de constelações de interesses complexas de diferentes atores conduz, todavia, a uma transformação do papel do Estado e da compreensão de sua soberania. A globalização, portanto, não pode mais ser descrita apenas como relação internacional de Estados soberanos.

Menos Estado, para isso há sistemas!

As sociedades tradicionais eram estruturadas hierarquicamente. Com a modernização progressiva, a divisão social do trabalho e o advento do individualismo, por um lado, e de um pluralismo, por outro, as sociedades perderam progressivamente essa forma hierárquica e nisso diferenciaram-se verticalmente. A instância política central como o posto mais alto na sociedade perdeu poder, e os tradicionais meios ou estruturas de classes se dissolveram. Em lugar disso formaram-se âmbitos (parciais) sociais autônomos que estão dispostos de forma cruzada às ordenações tradicionais.

A teoria dos sistemas tal como foi desenvolvida na Alemanha, sobretudo por Niklas Luhmann (1927-1988) e seus discípulos, compreende-se como uma teoria sociológico-filosófica que quer assimilar essa diferenciação funcional. Sociedades modernas, conforme a tese fundamental, diferenciam-se em diferentes subsistemas, como por exemplo os sistemas da economia, da política, do direito, da arte ou da ciência. Cada um desses sistemas desenvolve uma forma própria de comunicação que estabelece o que é comunicação razoável no interior do respectivo sistema. No interior do sistema da ciência, por exemplo, trata-se sempre da distinção entre verdadeiro e falso, no interior do sistema da economia da diferença entre ter e não ter. Cada sistema desenvolve uma lógica valorativa dual própria, que no interior do sistema seleciona a comunicação segundo esses dois aspectos. Inteligível no interior do sistema é apenas a comunicação que opera com essas distinções. A pergunta acerca de uma origem comum dos sistemas ou um conjunto social unificador entre eles torna-se sempre menos importante. Para a descrição da sociedade é central a análise dos diferentes sistemas como comunicações separadas.

Uma característica importante dos sistemas é que sua comunicação desenvolve-se em última instância de forma autorreferencial. Isso significa que o sistema se autorreproduz constantemente em um processo fechado. Por isso, Luhmann caracteriza os sistemas também como autopoiéticos. O sistema da economia não pode, portanto, entender como é que o sistema da arte opera com a diferença entre belo e feio, porque a economia tem à disposição apenas a distinção entre ter e não ter. Traduções entre sistemas são muito complexas e têm, na maioria das vezes, pouca perspectiva de êxito.

Por trás dessa perspectiva teórico-sistêmica de sociedade, considerada filosoficamente, está uma tradição de pensamento inspirada por Georg Wilhelm Friedrich Hegel (1770-1831). Hegel parte de que em um processo dialético-histórico de verdades e contraverdades sempre se formam novas sínteses. O espírito, que em Hegel é o núcleo e o objetivo desse desenvolvimento, percorre com isso por diferentes estágios e chega sempre mais a si mesmo. Mas é apenas no estágio do espírito absoluto que o espírito conhece a si mesmo e com isso o princípio espiritual fundamental do mundo. Arte, religião e filosofia são para Hegel as três formas do espírito absoluto.

A teoria dos sistemas assume a ideia fundamental de Hegel de que a realidade está subdividida em diferentes sistemas e os sistemas formam uma lógica própria. Todavia, existem também duas diferenças claras entre a teoria dos sistemas e o sistema de pensamento de Hegel: por um lado, a teoria dos sistemas dá a orientação para objetivos dos processos. Sistemas sociais comunicam-se entre si, sem que nisso haja uma hierarquia dos sistemas ou um desenvolvimento orientado para fins voltado para um determinado sistema. Por outro lado, o aspecto histórico de Hegel não é assumido. A análise moderna dos sistemas é, em última instância, uma observação anistórica da comunicação.

O próprio Luhmann já nos anos de 1970 reconheceu que a comunicação dos sistemas não se preocupa com fronteiras nacionais. A comunicação dos sistemas, por exemplo a da economia ou a da ciência, não se detém no marco limítrofe, mas se desenvolve para além dos traçados de limites.

A análise social direcionada pela teoria sistêmica despediu-se por isso, também nos anos que se passaram, mais e mais de uma análise orientada para o Estado nacional, como se pode perceber, por exemplo, de modo impressionante em Helmut Willke (1945-) — um discípulo de Luhman. Willke fala fundamentalmente apenas de sistemas mundiais, que comunicam em perspectiva global por meio de sua própria lógica. No âmbito do mercado mundial isso é o que mais se torna nítido. O sistema econômico mundial ou o sistema financeiro mundial desenvolveram uma forma fechada de comunicação com a qual também seu contexto local perde progressivamente o significado. Onde e como hoje, nos tempos de internet, um negócio é iniciado é sempre o menos importante. Os sistemas mundiais tornam-se por isso atópicos, como diz Willke, o que significa que o local da comunicação é em última instância irrelevante.

No conjunto de atuação dos diferentes sistemas mundiais surge um novo entrelaçamento de comunicações diferentes. Forma-se, de certo modo, uma ordem de desordem. Cada sistema mundial tem sua própria lógica e, por certo, depara-se no plano global com outros sistemas mundiais. Política mundial e economia mundial veem-se, por exemplo, também no palco global novamente em uma relação complexa. Na perspectiva sistêmica, não há mais um ponto fixo último para essa heterotopia, como Willke denomina essa situação. Também isso é naturalmente uma deposição da ideia de sistema de Hegel. Para os teóricos sistêmicos nenhum horizonte abrangente de compreensão existe mais, nenhum espírito absoluto que poderia ligar numa unidade os diferentes sistemas mundiais — também e justamente não no plano global.

Em comparação ao paradigma centrado no Estado, a explicação sistêmica da globalização dá adeus ao primado do Estado. Porque os sistemas mundiais comunicam globalmente e além disso são operantemente fechados, o sistema político — manifesto na instituição do Estado — não pode mais levantar a pretensão de dominar. Processos políticos podem ser estruturados, em vez disso, apenas indiretamente ou por meio do estímulo de um autogoverno. Os Estados nacionais poderiam justamente por conta de seu significado geopolítico decrescente — assim formula Willke, de modo provocativo — contribuir para a arquitetura da sociedade mundial e, na verdade, na experiência de sua derrocada. Na experiência de que uma ênfase exagerada das próprias possibilidades leva, afinal, à perda de significado reside um potencial dos Estados nacionais que poderia ser utilizado de modo produtivo para o esclarecimento de processos globais.

A política pode, deste modo, ainda aparecer apenas como moderadora, mas não mais intervir em outros sistemas. Quando se toma a transformação do estilo político do primeiro-ministro dos últimos sessenta anos essa tese parece plenamente plausível. Enquanto um chanceler como Konrad Adenauer (1876-1967) ou ainda Helmuth Kohl (1930-) sentiam-se fortemente obrigados a um estilo político de autoridade, Angela Merkel (1954-), atual chanceler, compreende-se mais como uma moderadora de diferentes interesses sociais.

Também a política (mundial) necessita colocar-se essas condições modificadas, pois a nova constelação global não pode ser posta em marcha a ré. A globalização é feita de sistemas mundiais. Os Estados nacionais, que trouxeram a globalização a caminho, ao contrário, não poderão ser mais reproduzidos em sua estrutura tradicional e sua competência de comando político.

Se consideramos essa explicação sistêmica da globalização ante a perspectiva centrada no Estado aparecem num primeiro momento algumas vantagens: as transformações atuais da estatalidade podem ser facilmente explicadas pela teoria sistêmica. Pode-se descrever, em especial, como sistemas diferenciados se constituem de novo transversalmente em relação a limites nacionais. A dinâmica própria e o hermetismo dos sistemas mundiais, fortemente acentuados, aparecem intuitivamente compreensíveis. Quem não conhece os cenários ameaçadores ante o aparente mercado global anônimo, que funciona apenas de acordo com sua própria lógica, e que em princípio não se responsabiliza mais pelos indivíduos, como por exemplo os desempregados?

Se por um lado essa explicação teórico-sistêmica tem força esclarecedora, mostram-se por outro lado exatamente neste local também as dificuldades. Já Habermas, em seu debate com Luhmann nos anos de 1970, havia apontado para a falta de atenção ao indivíduo. A globalização, assim se poderia transferir essa crítica para hoje, não é feita apenas de comunicações do sistema, mas também de ações humanas individuais. Exatamente para essas a teoria sistêmica não quer atentar, porque quer explicar a sociedade mundial como um todo de uma perspectiva superior. Se olhamos mais detidamente para os efeitos de processos globais mostra-se, todavia, que sempre também homens concretos são atingidos. Esses homens são também aqueles que são desafiados a lidar politicamente com as consequências de desenvolvimentos globais — seja de modo que usem os efeitos positivos para si ou queiram se afastar dos efeitos negativos. A cegueira para o homem concreto ou para as iniciativas políticas concretas é um déficit da explicação sistêmica da globalização.

Um exemplo que pode ser mencionado aqui é a insuficiente tematização do engajamento social civil, que justamente no plano global não desempenha um papel sem importância. Por todas as partes do mundo juntam-se seres humanos porque querem intervir de modo estruturante no processo de globalização. O Greenpeace é um exemplo disso, assim como o papa e a Igreja católica. A teoria sistêmica torna difícil para si perceber tais iniciativas sociais civis, porque elas, segundo a lógica da teoria dos sistemas, no fundo não constituem um sistema próprio. Mas não as levar a sério por isso seria expor de modo insuficiente uma parte importante da realidade global.

Um outro problema apresenta-se relativamente à unicidade dos sistemas mundiais. Que seja admitido que acima de tudo é por meio das inovações no setor da comunicação e da informação que o surgimento mundo afora de sistemas agentes é fortemente fomentado. Mas em um olhar aproximado os sistemas não parecem ser tão unitários como pretendem as explicações teórico-sistêmicas. Sistemas mundiais nunca são completamente atópicos, mas sempre também culturalmente marcados e arraigados. Comunidades religiosas conhecem esse fenômeno apenas por suficiência: ainda que a comunicação religiosa pergunte em todo lugar pelo absoluto (o que se pode entender como unidade do sistema), ela nunca está livre de seus respectivos contextos culturais. Exatamente aí se mostra propriamente a respectiva peculiaridade do sistema. A multiplicidade das comunidades religiosas mundo afora é um bom exemplo disso. Ao mesmo tempo, todas as comunidades religiosas mesmas são também culturalmente diferenciadas: pense-se, por exemplo, na grande variedade do protestantismo, a começar pelas comunidades pietistas suábias, passando pelos grupos liberais nos Estados Unidos até os movimentos carismáticos na África.

O olhar sobre o sistema da religião mostra, portanto, algo claro: ainda que a globalização certamente tenha uma forte inclinação para o desenvolvimento de sistemas mundiais, eles são sempre culturalmente marcados. Somente quanto esta tensão for considerada poderá também uma teoria da globalização ser convincente.

Marx e a globalização

Sobre Karl Marx (1818-1883) fala-se novamente. Se após a queda do muro [de Berlim] em 1989 ainda havia a impressão de que as considerações marxianas fossem desaparecer completamente do discurso científico, constata-se hoje um renascimento de suas ideias. E, na verdade, especialmente também no discurso sobre globalização.

Isso se deve, não por último, ao claro diagnóstico que Karl Marx e Friedrich Engels (1820-1895) já na metade do século XIX elaboraram sobre a relação entre capitalismo e globalização econômica. O surgimento de uma economia mundial capitalista vai transformar radicalmente a relação dos Estados entre si, na medida em que os Estados em um sistema econômico global tornam-se dependentes um do outro — assim anuncia a tese desses autores. No *Manifesto comunista* encontram-se alguns enunciados paradigmáticos sobre isso, que apenas tornam muito mais claro que suas descrições são surpreendentemente atuais até hoje: "A burguesia, através de sua exploração do mercado mundial, estruturou a produção e o consumo de todos os países de modo cosmopolita. Ela [...] retirou o solo nacional sob os pés da indústria. As indústrias nacionais muito antigas [...] são esmagadas pela nova indústria, [...] que não trabalha mais com matéria-prima local, mas com matéria-prima trazida de zonas longínquas e cujos produtos não são consumidos somente no próprio país, mas em todas as partes do mundo [...]. Em lugar da antiga autossuficiência e da reclusão local e nacional entra em cena uma conexão onilateral, uma dependência universal das nações umas das outras" (MARX, ENGELS 1974, p. 29).

Marx enfatiza incansavelmente que o capitalismo quer expandir-se a partir de seu núcleo. A expansão da produção no plano global, a implantação de indústrias em países com mão de obra barata, o comércio mundializado de bens e o crescimento do capital são formas desse sistema capitalista global. A globalização só pode ser entendida como expressão desse capitalismo global quando se torna consciente, conforme Marx, como o próprio capital aspira a um crescimento sempre maior. Da lógica do capital segue-se necessariamente a expansão voltada para o mercado mundial — eis o argumento de Marx. Que os desenvolvimentos nas comunicações e nos transportes desempenham um papel central nesse processo, Marx e Engels já o perceberam claramente há 150 anos. Eles são, segundo sua análise, as armas para o domínio dos mercados globais. Comprovam isso de modo impressionante as possibilidades de comunicação da internet e o potencial de transporte enormemente elevado.

Considerado filosoficamente Marx está situado, como a teoria sistêmica, na tradição de Hegel, todavia em uma perspectiva algo diferente. De Hegel Marx assume tanto o acesso filosófico histórico como o método da dialética. Não obstante, também para Marx a história não está a caminho do espírito absoluto. Centrais para ele, em vez disso, são as relações econômicas e políticas, nas quais se consumam os respectivos processos sociais dialéticos. A existência determina a consciência, argumenta Marx polemicamente contra seu mentor

Hegel. Com lentes materialistas ele quer olhar para os confrontos sociais concretos do homem, sobretudo para a história da luta de classes. As relações de produção e as tensões sociais daí resultantes são para ele o motor da história. Por isso em sua obra principal, *O capital*, ele descreve como nos anos de 1870 e 1880 as relações capitalistas de produção visam a uma elevação sempre ampliada e nisso assumem traços de exploração para os trabalhadores.

Meghnad Desai (1940-) é um renomado economista, cientista político e filósofo que, como professor na London School of Economics, participou intensivamente do atual debate sobre globalização. Ele está situado na tradição de Marx e procura tornar frutíferas as considerações daquele para a compreensão da atual globalização. Ele toma especialmente os esboços das análises marxianas do capitalismo e as transpõe para a situação atual da sociedade mundial.

Globalização é para ele, correspondendo à perspectiva marxiana, em primeira linha um fenômeno econômico, que tornou útil para si os avanços técnicos do final do século XX. Contrastando com Lenin, ele descreve a globalização, portanto, como "computador somado ao capital desregulado". Para ele, desenvolvimentos globais só podem ser entendidos quando as relações econômicas são analisadas adequadamente. A perspectiva central de suas análises econômicas é que, primeiramente, foi a atual globalização do capitalismo que realizou o que Marx havia descrito. Somente com base na completa mobilidade do capital (e hoje sempre mais com base na mobilidade do trabalho) a economia mundial está em condições de colocar em marcha plenamente o potencial do capitalismo no sentido marxiano. Com a atual globalização tem-se, portanto, uma revanche de Marx, pois suas observações não foram contraditas com 1989, mas mostram apenas hoje seu potencial real de esclarecimento.

Desai compreende o capitalismo global como um modo econômico de produção e organização que se reproduz a si mesmo em movimentos cíclicos: após fases de crescimento sucedem recessões, que adentram com desemprego em massa e reestruturações de empresas e do mercado de trabalho. Por isso, numa perspectiva histórica, os últimos 150 anos aparecem, após o fenômeno do capital, em última instância como uma dialética do capitalismo global. Já nos anos entre 1871 e 1914 surge uma primeira globalização, com a qual a globalização atual demonstra ter grandes semelhanças. Os avanços no setor dos transportes e tecnologia das comunicações e, especialmente, o crescimento extraordinário do mercado econômico mundial que é possível observar neste período podem ser tomados como referências de que esta primeira globalização era uma fase alta da dinâmica capitalista.

O período após a Primeira Guerra Mundial está para esta primeira globalização como uma antítese numa relação dialética. Desai designa-a também como uma fase de desglobalização, isto é, a marcha contrária a partir das conexões globais. Aqui as causas são, por exemplo, as consequências da Primeira Guerra Mundial, a recessão dos anos de 1920 e a quebra da bolsa em 1929. Todos os três acontecimentos tiveram impactos consideráveis sobre a situação econômica no mundo inteiro e deixaram os economistas amedrontados ante o livre comércio. Por essa razão, a ideia de que a economia necessita ser planejada, ou seja, no mínimo controlada, se impôs na política — para o bem da população e sua condição. O keynesianismo, que marcou especialmente os anos do pós-guerra na Alemanha, é uma expressão dessa compreensão: o Estado desenvolvia formas para a regulação da economia e tornou-se cético ante uma liberalização da dinâmica capitalista.

Após o keynesianismo ter presenteado a maioria dos Estados ocidentais com uma grande prosperidade econômica por mais de vinte anos, veio a bancarrota no início dos anos de 1970, aparentemente com certa surpresa. Os fatores desencadeantes da crise do capitalismo marcadamente keynesiano foram, não por último, a falência do sistema Bretton-Woods (do sistema monetário global baseado no dólar norte-americano) e a crise do petróleo de 1973, que não pode ser aprisionada por meio das regulações dos Estados nacionais.

Com esta cisão se inicia a globalização atual — eis a tese de Desai, inspirada na análise de Marx. A despedida das representações keynesianas de controle da economia, a ampliação dos mercados globais (por exemplo, por meio do desembargo de mudança de rotas ou de dissolução de aduanas) e a utilização de novas possibilidades de transporte e comunicação propiciaram uma nova dinâmica capitalista, que se mostra como síntese dialética da primeira globalização (1871-1914) e da desglobalização (1914-1970). Ela ligou ambos os passos do desenvolvimento social e conduziu-os para um novo patamar: o capitalismo globalizado.

As observações históricas levam Desai à conclusão de que os desenvolvimentos econômicos transcorrem em ciclos dialéticos. Por isso, a globalização não pode ser entendida em sentido mecanicista, mas necessita ser descrita numa perspectiva orgânica como processo cíclico com uma elevada dinâmica própria. Para Desai, Marx desenvolveu de modo teórico convincente essa perspectiva, razão que o leva a caracterizá-lo como o melhor analista das sociedades capitalistas. Marx descreveu de modo persuasivo sua dinâmica interna, sem ter se tornado um defensor do capitalismo.

As conclusões políticas que estão implicadas nesta explicação da globalização inspirada em Marx serão discutidas pormenorizadamente mais adiante. É importante aqui em primeiro lugar apenas a descrição da globalização. A força do modelo de análise marxiana mostra-se na explicação dos processos econômicos mundiais, que em muitas passagens convence. Muitos debates na Alemanha levados adiante em relação aos efeitos da globalização na vida econômica, são claramente explicáveis com a perspectiva marxiana. Um exemplo para isso é a discussão em torno da instalação de indústrias em outros países com mão de obra com menor custo.

Nestas explicações da globalização mostra-se, todavia, também um problema grave pelo qual Marx já fora censurado a partir de várias direções. A globalização é, com estas lentes, aparentemente reduzida de modo exclusivo aos fenômenos econômicos, enquanto aspectos não econômicos, por exemplo dimensões culturais ou religiosas da globalização, são já conceitualmente deixadas de lado ou reduzidas a seu significado econômico. Algo parecido vale para a determinação da política, pois esta é quase exclusivamente circunscrita em sua relação de reciprocidade com a economia mundial. Outros aspectos da ação política aparecem apenas em segundo plano.

Um problema semelhante, residente no método histórico-dialético, aparece a um olhar mais acurado. A chance do método consiste seguramente em que se pode compreender melhor as camadas históricas profundas dos processos globais atuais. Justamente na descrição da passagem do keynesianismo para a atual globalização tornam-se claros aspectos que desempenham, por exemplo, um papel importante no debate atual sobre o significado das estruturas socioestatais.

O outro lado da medalha é, todavia, quais conclusões são extraídas daí. Se a análise histórica é utilizada, pois, por meio da demonstração quase determinista de relações, para estabelecer um ponto-alvo fixo da globalização, esta perspectiva chega ao seu limite. Em Desai isso parece pelo menos parcialmente ser o caso. Suas observações históricas o conduzem à conclusão de que a globalização tem uma direção estabelecida, que no fundo não é influenciável politicamente. A perspectiva histórica é com isso instrumentalizada para amparar determinados argumentos políticos. Tal compreensão histórico-teleológica subestima muito, todavia, as possibilidades da ação política. Em relação a esse traço teleológico revela-se, ao final, também uma certa proximidade entre a visão teórico-sistêmica e a visão marxiana da globalização. A perspectiva sistêmica da globalização parte, em última instância, de que os sistemas mundiais são fechados em si e conduzem sua comunicação de modo autorreferencial.

Com isso está posto implicitamente que, de fato, não se poderá desviar da direção da comunicação. Tal intervenção (política) nesta lógica sistêmica é, em princípio, impossível. Para os intérpretes de Marx, semelhante parece ser o caso de Desai: globalização é uma dinâmica capitalista irrefreável que, igualmente, no fundo não pode ser controlada. É notório que partindo destes dois modelos de análise as possibilidades da política são sempre limitadas. Ambos partem, portanto, de um fechamento e uma unicidade de ciclos globais, isto é, sistemas, e tendem a simplificar os processos sociais por meio de seu estreito padrão de análise.

Tal unicidade forte, dinâmica própria e direcionamento para objetivos dos processos sociais não é sustentável numa análise acurada tanto dos desenvolvimentos históricos quanto dos desenvolvimentos sistêmicos. Processos sociais transcorrem sempre de modo pluridimensional e constituem apenas muito raramente relações unitárias desse tipo. Desse modo, com ambas as teorias a pluralidade geopolítica pode apenas ser captada de modo condicionado.

Globalização como rede

Com o conceito de *koinonia politiki* é fundamentada em Aristóteles (384-322 a.C.) uma perspectiva sobre sociedade que é base do quarto modelo de explicação para a globalização. Aristóteles visa com este conceito a um modo determinado da pólis na Grécia antiga. Os cidadãos emancipados da pólis são desafiados a estruturar a política em uma união de cidadãos livres e iguais. Para isso, os cidadãos devem ingressar ativamente na vida política.

Por meio disso é colocado o marco teórico fundamental para o que hoje é caracterizado como esfera pública política ou ainda sociedade civil. Aristóteles ainda não conhece, na verdade, a compreensão moderna do Estado, e por essa razão também para ele Estado e sociedade civil ainda coincidem em última instância. Mas na ênfase da participação ativa do cidadão na vida política revela-se o significado do engajamento de todos os cidadãos, que vai além das instituições políticas. A vida comunitária é marcada por aquilo que cada indivíduo nela produz.

Na Modernidade autores como Thomas Hobbes (1588-1679) ou John Locke teorizaram a separação do Estado e da sociedade civil. Em suas perspectivas liberais, o Estado é responsável por assegurar a paz e os direitos fundamentais. Paralelamente é aberto um espaço que possibilita ao cidadão ingressar de modo ativo na configuração da comunidade. Mediante a oposição entre Estado e sociedade civil é explicitamente aberto, então, o espaço público da participação política.

Novamente em Hegel encontra-se uma ideia que é central para o aperfeiçoamento dessa compreensão da esfera pública política. A sociedade burguesa é para ele, a saber, um terceiro elemento importante ao lado do Estado e do espaço privado (especialmente a família), pois ela faz a mediação entre ambos. Neste contexto a economia, entendida como cooperações, desempenha um papel central. Com isso, também a vida econômica cai no âmbito da sociedade burguesa. Por meio do comércio os cidadãos estruturam o espaço comunitário e se compreendem como parte da sociedade. Hegel sinaliza, por esta via, a economia como parte da sociedade burguesa.

Alexis de Tocqueville (1805-1859) realiza outro passo na história da filosofia que esclarece o significado das associações livres para a democracia nos Estados Unidos da América do século XIX. Estas associações livres são, de certo modo, uma continuação das cooperações hegelianas, todavia elas são claramente tomadas de modo amplo. A elas pertencem todos os tipos de alianças livres de cidadãos, que codeterminam a vida social. Ao lado do Estado, elas possibilitam uma participação ativa na sociedade política. Ele dá mais um passo adiante: a democracia está comprometida com esse livre jogo de diferentes agrupamentos na esfera pública, sua estabilidade vive de se e o quanto o cidadão participa no plano das discussões sociais. Em uma formulação na linguagem atual, pertencem a essas associações livres não apenas as organizações não governamentais, mas também associações esportivas ou corais eclesiásticos. Elas são expressão do capital social de uma sociedade.

Mesmo com toda a diferença das concepções de Aristóteles, Locke, Hegel ou Tocqueville, há um elemento comum, que é importante para a significação da globalização: ao lado do Estado e para além dos espaços privados forma-se nas sociedades um espaço público. Neste os cidadãos se mesclam, formulam seus interesses e procuram uma equiparação com outros grupos de interesses. Habermas apresentou em sua tese de habilitação sobre a *Mudança estrutural na esfera pública* (1962) o significado histórico e sistemático da esfera pública. Ele mostra como no século XVII, por exemplo, formam-se em cafés e confrarias espaços públicos nos quais não apenas se fala sobre literatura, mas acontece também um intercâmbio de opiniões sobre questões políticas e econômicas. Em tais células nucleares do espaço público é fomentada a ideia de que um intercâmbio livre de opiniões é importante para o sistema político. Nos séculos XVIII, XIX e XX essa ideia continuará a ser desenvolvida por meio de associações, do crescente número de manifestações públicas ou do surgimento da mídia.

Se esse significado de esfera pública é levado a sério, então a globalização não é nem criação dos Estados ou sistemas, nem um puro fenômeno econômico. A globalização é caracterizada, nesta perspectiva, muito mais por meio de um grande número de atores, grupos e instituições que, além do Estado e da economia, também influenciam processos globais. Importante para essa indicação é a observação das iniciativas próprias que se realizam para além das instituições oficiais.

Muitas dessas iniciativas e muitos desses grupos são fáceis de encontrar concretamente: a começar pelas organizações não governamentais (da WWF — World Wide Fund for Nature — à Anistia Internacional), passando por meios de comunicação de repercussão global (da CNN ao *Süddeutschen Zeitung*[1]), pela cena cultural mundial (de Madonna a Bollywood), até as comunidades religiosas ou as pessoas individualmente. Tais iniciativas e grupos são hoje caracterizados como sociedade civil global.

Ante este pano de fundo teve início a procura por teorias que dessem conta de processar de modo convincente a grande multiplicidade de atores. Como exemplo disso deve ser lançado aqui, de modo breve, um olhar sobre James Rosenau (1924-), um importante politólogo norte-americano da segunda metade do século XX. Ele desenvolveu uma compreensão própria sobre a globalização para nisso destacar, sobretudo, a heterogeneidade e a mutabilidade dos atores globais.

As unidades fundamentais dos processos globais são chamadas por Rosenau de esferas de autoridade, *spheres of autority*. Ele instala essa categoria de certo modo entre o paradigma centrado no Estado e a perspectiva sistêmica. Centro das esferas é, como sempre, um ator — seja ele um indivíduo, uma organização ou uma instituição. Mas para Rosenau a compreensão tradicional de atores abrange muito pouco, porque o significado global dos atores não se constitui primariamente por meio de suas propriedades essenciais, mas antes por seu estar preso às relações globais. A nova categoria de esferas de autoridade é que oferece isso para ele.

Como atores, as esferas de autoridade aparecem na medida em que elas pretendem o comando em determinadas questões globais e este é aceito por outros, isto é, seguido. Autoridade é entendida aí como a pretensão de atores individuais de possuir informações relevantes para a sociedade mundial em questões globais. Ela não é um componente permanente do ator. Ela

1. Jornal do Sul da Alemanha. (N. do T.)

transforma-se constantemente, pois cada ator global pode pretender autoridade relativamente a uma nova questão. Autoridade pode apenas ser observada quando ela é exercida e aceita como tal, isto é, ela é dependente da aceitação suficiente de grandes ou importantes grupos de pessoas. A abrangência das esferas é determinada formalmente por meio do círculo de efeitos constantemente modificado dos atores. A importância da esfera de autoridade dá-se pela intensidade em que sua autoridade é percebida e considerada. Se os atores não têm mais autoridade, eles são formalmente considerados irrelevantes.

A autoridade é, portanto, entendida de modo relacional. Com essa categoria podem ser descritos atores globais muito diferentes da esfera pública e sua respectiva posição na trama das relações globais: a FIFA pretende uma autoridade na questão do futebol, mas também na avaliação econômica e política de uma região a cada quatro anos. O Banco Mundial visa a tal autoridade em questões financeiras em políticas de desenvolvimento. Quão grande é autoridade da Al-Qaeda pode ser avaliado de maneiras diferentes — mas é evidente que suas ações são levadas a sério por muitas pessoas no mundo inteiro.

Para Rosenau esferas de autoridade são as novas unidades para a descrição da globalização. A autoridade e, com ela, a possibilidade de influência de um ator não são dependentes exclusivamente de sua posição na hierarquia política. Atores podem se posicionar independentemente dessas estruturas e, com isso, aspirar a uma autoridade mesmo que limitada, mas nem por isso ineficaz. Por isso Rosenau enfatiza constantemente que ele não subsume apenas sob o conceito de autoridade os atores formais, mas quer também abranger os atores informais, pois justamente estes desempenham um papel cada vez mais importante nos processos globais. Organizações não governamentais clássicas são contadas por ele nesse grupo como redes de colaboração política, movimentos sociais ou organizações transnacionais de *lobby*.

Na Alemanha também encontram-se teorias semelhantes para a descrição da globalização. Todavia, o conceito de autoridade não aparece tanto, mas sim o conceito de redes. Ambos os conceitos e os respectivos conceitos a eles relacionados demonstram grandes semelhanças quando vistos de modo mais próximo. A teoria das redes também parte de que os processos globais estão marcados por um complexo jogo conjunto de atores diferentes no espaço público. Eles formam em planos diferentes redes uns com os outros e procuram por intermédio delas influenciar a vida global. Tais redes de relações livres são caracterizadas pelo fato de serem organizadas muito mais verticalmente do que horizontalmente. Redes de colaboração são a coalisão de interesses recíprocos de atores autônomos, que se unem visando a um objetivo, para o perseguirem juntos. Nessas redes, via de regra, não existem hierarquias, mas os atores cooperam de igual para igual uns com os outros.

Dirk Messner (1962-), um cientista político alemão, fala por isso de uma sociedade de redes que se mostra claramente não apenas no plano nacional, mas justamente no plano global. Nas redes, o momento da reciprocidade desempenha um papel central, pois só quando os atores individuais da rede se apoiam reciprocamente em seus interesses abre-se para todos uma situação favorável que é determinante para sua motivação de ser uma parte ativa da rede. Atores unem-se em redes para resolver juntos os problemas que se apresentam.

Nesse momento já fica claro que nessas teorias, na maioria, não se trata apenas de uma descrição da globalização, mas também uma avaliação bastante diferenciada está implicada: redes não são apenas descritas como uma parte importante de processos globais, mas também avaliadas positivamente, porque nelas são ouvidas muitas opiniões e se pode tratar dos problemas de modo conjunto num estilo cooperativo. O modelo de análise das sociedades de redes visa, com isso, também a determinada estruturação política dos processos globais. Onde problemas globais aparecem atenta-se especialmente para as decisões conjuntas que desenvolvem coletivamente soluções para eles e tentam implementá-las.

Exatamente nisso levanta-se a objeção sempre repetida para estes pontos de vista: presta-se atenção demasiada à cooperação, as assimetrias globais são ignoradas e, em lugar disso, a esfera pública global é mistificada. Na questão dos modelos da política mundial voltar-se-á a essa crítica de modo mais detalhado.

Pluralidade de culturas e interculturalidade

Nas descrições da globalização realizadas até aqui o tema da cultura e da interculturalidade desempenha, na maioria, apenas um papel secundário. Por essa razão, um olhar propriamente voltado para tal questão faz sentido e é necessário. A reflexão sobre o significado da cultura na filosofia da globalização compreende-se não tanto como um modelo próprio abrangente da descrição de processos globais, mas como uma perspectiva diagonal. Uma vez que nos modelos de globalização vistos até agora ficou claro que o tema da cultura frequentemente é obscurecido, deve ser questionado o que a filosofia pode trazer para o fortalecimento dessa perspectiva.

Essa reflexão sobre cultura no contexto da globalização deve ser situada no crescente significado da cultura nas discussões científicas. Em várias ciências humanas e sociais pode ser constatado desde os anos de 1960 um assim chamado *cultural turn*. Assim como no século XX, partindo da reviravolta para questões filosófico-linguísticas, já havia ocorrido uma transformação nas ciências humanas e sociais, isto é, a guinada linguística (*linguistic turn*), constata-se agora uma mudança para questões da cultura.

A cultura é compreendida em sentido amplo para os autores que abordam tal mudança. Ela não é reduzida ao âmbito do psíquico-espiritual, mas atribui-se a tudo o que está relacionado ao que é feito pelo homem, em autores como, por exemplo, Norbert Elias (1897-1990). Por isso, cultura é, segundo Johannes Müller (1943-), "não uma substância sublime e misteriosa nas cabeças dos homens, na qual se necessita mergulhar esforçadamente, mas acontecimento público. Ela abrange tanto elementos imateriais (ideais), como religião, valores ou representações, como elementos técnico-materiais, como arte, oficina ou ferramenta, que são produtos da atividade humana organizada" (MÜLLER 1997, p. 130).

Nesta perspectiva a cultura não está apenas (e não mais primariamente) relacionada a grandezas como Beethoven ou Goethe e seus produtos culturais. Pelo contrário, ela assume múltiplas formas. Nos chamados estudos culturais, que ganharam um forte significado sobretudo nas universidades do universo anglo-saxão, são pesquisadas inúmeras formas de expressão cultural, como seriados de televisão, colunas esportivas ou letras de música. Vários historiadores do desenvolvimento enfatizam hoje que justamente tais fatores culturais — sejam eles locais ou globais — influenciaram ou ainda influenciam os processos de desenvolvimento de modo decisivo.

A guinada atual para as questões da cultura deve ser vista numa perspectiva teórico-histórica ante o horizonte da pós-modernidade. Filósofos da pós-modernidade são céticos diante do acento moderno em uma racionalidade unitária e querem destacar, contrariamente, a pluralidade de formas sociais, racionalidades e perspectivas. A cultura torna-se um modelo de análise com o qual tal pluralidade pode ser esclarecida e também explicitada. Cultura como instrumento de análise possibilita descrever a multiplicidade fática dos valores, representações e produtos culturais. Por outro lado, essa perspectiva evita também um reducionismo etnocêntrico: porque cada cultura tem sua própria racionalidade, essa cultura, como tal, também deve ser reconhecida — essa é a tese implícita.

Desde os anos de 1990 formou-se também na filosofia um âmbito próprio da filosofia intercultural. Os trabalhos publicados a partir dessa perspectiva se relacionam com a guinada cultural e com o discurso sobre cultura elaborado nas outras ciências. Eles questionam sobretudo o que a filosofia pode aportar para a compreensão das culturas e, de modo especial, para o entendimento da interculturalidade.

Na resposta a tais questões, a filosofia intercultural quer conscientizar sobre as diferenças culturais e trazê-las para o discurso filosófico sobre globalização. Frequentemente pensa-se com o conceito de filosofia exclusivamente na filosofia europeia. Por isso primeiramente são as tradições filosóficas não europeias que devem ser descobertas e alimentadas no discurso. Mas, ao mesmo tempo, a filosofia intercultural compreende-se não como uma pura justaposição das tradições, uma ao lado da outra. Correspondente ao curso fundamental do questionar filosófico trata-se também, e sobretudo, da pergunta sobre as condições de possibilidade para essas diferenças culturais e as consequências para uma tradução e uma compreensão recíprocas.

O posicionamento do Polylog[2], uma iniciativa para a filosofia intercultural, espelha especialmente essa posição de modo claro: "Nós entendemos por filosofar intercultural o esforço de tornar audíveis as múltiplas vozes no contexto de suas respectivas culturas e torná-las fecundas em um confronto comum e com os mesmos direitos para todas. No filosofar intercultural nós vemos sobretudo uma nova orientação e prática do filosofar, um filosofar que exige uma postura de respeito recíproco, de escutar e de aprender" (<http://prof.polylog.org/obj-de.htm>).

Um Polylog filosófico objetiva, conforme Franz Zimmer (1942-), desenvolver novas teorias e novos argumentos com o fim de um esclarecimento intercultural recíproco. Com o modelo do Polylog a filosofia intercultural pretende abranger as diferentes influências e tendências no diálogo intercultural e também num sentido bastante prático trabalhar na direção de um diálogo das diferentes tradições com direitos iguais. Neste contexto, o fenomenólogo Heinrich Rombach (1923-2004) também falava da "humanidade como diálogo".

Os temas da filosofia intercultural cobrem uma larga faixa do questionamento filosófico. Questões acerca de um entendimento intercultural da verdade ou do conhecimento desempenham um papel tão importante quanto aqueles em torno da ética no campo de tensão intercultural ou da arte como expressão da cultura. Um dos temas centrais da filosofia intercultural é a per-

2. Fórum para a filosofia intercultural na internet. (N. do T.)

gunta sobre uma compreensão convincente da razão e da racionalidade no contexto de experiência intercultural do mundo globalizado. O objetivo é, acima de tudo, romper com uma compreensão de razão puramente ocidental e levar em conta fortemente também a pluralidade (cultural) neste plano. Ram Adhar Mall (1937-) fala, por isso, de uma razão abrangente, na qual as diferentes racionalidades se cruzam, se misturam e se entretecem complexamente umas com as outras.

No interior do discurso sobre filosofia intercultural há, naturalmente, como em todos os âmbitos da filosofia, também diferenças quanto ao conteúdo. Alguns autores buscam com maior ênfase o elemento cultural agregador, outros os aspectos que diferenciam. Também as tradições filosóficas nas quais estão presentes princípios da filosofia intercultural são plurais. E, não por último, tais princípios diferenciam-se também no que se refere ao seu julgamento de facetas individuais da cultura, como, por exemplo, o significado da religiosidade para a diferença cultural.

A partir das considerações da filosofia intercultural podem ser extraídas algumas consequências para a descrição da globalização.

Primeiro, parece convincente, a partir da perspectiva da filosofia intercultural, se obrigar a uma autolimitação teórica na descrição dos processos globais. Justamente porque a análise das diferentes culturas mostra que existem perspectivas muito distintas sobre os processos globais, o cuidado é obrigatório com relação à absolutização de uma perspectiva. R. A. Mall formula esta visão de modo muito claro: "Pertence à essência da filosofia intercultural o cultivar do discernimento na modéstia teórica, metódica, metafísica, ético-política e religiosa do mais próprio acesso para o uno regulativo com muitos nomes" (2003, p. 42). Este cuidado teórico se expressa também em que esclarecimentos multiculturais que se apoiam sobre diferentes tradições da filosofia recebem a preferência na explicação de um fenômeno. Disso se pode derivar com Wimmer uma regra mínima para a descrição de processos globais: a dúvida é obrigatória ante teses filosóficas em cujo surgimento apenas uma cultura é participante e que a eleva como único critério de avaliação.

Uma filosofia da globalização deveria, portanto, reconhecer as diferenças culturais e, ao mesmo tempo, procurar os entrecruzamentos. Bem no sentido herderiano, na filosofia intercultural trata-se de um mergulhar em outras culturas e de um estímulo a um processo de tradução recíproca. Uma fragmentação cultural-relativista sob o olhar da filosofia intercultural faz ao contrário uma falha igual ao globalista, que enfatiza fortemente a unidade do mundo: em um caso está posta a unidade das culturas de modo absoluto, no outro o mundo como um todo. Em ambos os casos a pluralidade ainda é significada apenas como um acessório secundário.

Além disso, com o olhar da filosofia intercultural torna-se claro que conceitos teóricos sobre a globalização são, novamente, condicionados culturalmente. Se globalização representa a tentativa de exportação do modelo de civilização ocidental, então se deve perguntar de novo propriamente acerca das condições culturais da tradição europeia ou norte-americana aí subjacentes. Exemplos seriam princípios da globalização que extraem exclusivamente argumentos econômicos da visão ocidental para a explicação de processos globais. A dimensão cultural do respectivo conceito de globalização deverá, por isso, também ser avaliada junto se neste plano não se quiser cair em um etnocentrismo ingênuo.

Por fim, nesse contexto fica especialmente claro que uma filosofia da globalização é sempre dependente de um diálogo transdisciplinar. Para compreender fatores culturais de influência e poder elaborá-los teoricamente, a filosofia carece da colaboração de outras ciências sociais e culturais. Somente desse modo ela pode aproximar-se do fenômeno da globalização em sua grande extensão.

A filosofia intercultural pode ser lida como uma parte da filosofia da globalização. Ela complementa as descrições esboçadas da globalização em torno dos elementos da cultura e da interculturalidade. Trata-se nela, sobretudo, da pluralidade de tradições culturais da filosofia e sua mediação. Mas, naturalmente, a perspectiva cultural também não explica sozinha a conjuntura dos processos globais. Tanto quanto não se pode reduzir a globalização à economia, tanto menos se pode estreitá-la ao tema da cultura.

Resultado: globalização e relações

Uma comparação dos modelos esboçados para a descrição da globalização mostra claramente que um modelo de análise unidimensional torna inviável descrever a realidade global. Esclarecimentos são muito mais convincentes lá onde eles observam a multiplicidade e a pluridimensionalidade de processos globais. Nesse processo são menos aparentemente os atores individuais ou instituições que fazem a realidade global, mas muito mais as interações entre eles. A globalização, assim se poderia sustentar, é primariamente caracterizada por meio das múltiplas e complexas relações, interações e ramificações entre diferentes atores e menos por meio de atores particulares ou instituições como tais.

Isso significa filosoficamente que não são descrições substanciais particulares dos atores ou sistemas que são importantes na caracterização da globalização, mas a conexão entre eles. Aquilo que perfaz a globalização são as conexões — o filósofo chama isso também de relações. A relação torna-se, com isso, filosoficamente considerada, categoria fundamental de uma convincente teoria da globalização. A compreensão da globalização como rede é a que melhor traz à tona essa perspectiva — ainda quando se consideram as proposições da filosofia intercultural.

Processos globais são dinâmicos e heterogêneos, esta é a tese fundamental de muitas teorias da globalização. Até mesmo desenvolvimentos contrários transcorrem ao mesmo tempo — justamente essa é uma característica central da sociedade mundial. Por isso, na atualidade não é mais possível, por exemplo, distinguir claramente política interna e política externa. Tais limites tradicionais, tanto entre os Estados nacionais quanto entre todos os outros atores globais, dissolvem-se progressivamente na era da globalização, tornam-se permeáveis e promovem o surgimento de muitas conexões novas. Fronteiras marcam ainda apenas um espaço no qual os diferentes atores iniciam um movimento de interação complexa. No momento em que o conceito tradicional de fronteira é superado surge um novo espaço público, no qual semelhanças são sobrepostas por ambivalências e oposições aparentes dissolvidas em novas unidades.

Tal simultaneidade de desenvolvimentos opostos é passível de ser diagnosticada de várias maneiras no plano global. Um exemplo é a simultaneidade de processos de unificação e de efetivação de diversos centros ao mesmo tempo. De um lado, o mundo globalizado mostra-se altamente policêntrico, isto é, existe um sem-número de estados, culturas, religiões uns ao lado dos outros, e em última instância não há um centro único da sociedade mundial. O conceito de mundo forma, por certo, um parêntese sistemático para o fenômeno da globalização, mas este não pode mais oferecer um ponto de referência unitário. Dirk Messner e Franz Nuscheler (1938-) enfatizam, por isso, que na unidade-mundo trata-se simplesmente de uma construção normativa, que não pode ser lida a partir das evidências empíricas. Mas, por outro lado, diante desse policentrismo do mundo globalizado está também uma tendência à unificação, que se reflete no estabelecimento de instituições globais ou no surgimento de normas comuns como os direitos humanos.

Para a descrição dessas tendências opostas da sociedade mundial (policentrismo de uma lado, unificação de outro) fórmulas paradoxais parecem especialmente apropriadas. Essas fórmulas paradoxais mostram que a globalização não é um processo linear, mas frequentemente é constituída por tendências opostas. Consideradas filosoficamente, tais descrições apresentam traços dialéticos: dois desenvolvimentos opostos (tese e antítese) caminham simultaneamente; surge uma síntese, na medida em que ambos juntos constituem um novo processo. Todavia, ambos os desenvolvimentos precedentes não serão eliminados numa síntese, mas eles permanecem parte do novo processo — este é exatamente o ponto central da dinâmica global.

Naturalmente essa argumentação dialética lembra Hegel de modo imediato. Contra Hegel, todavia, várias teorias da globalização tornam, primeiro, a síntese claramente mais fraca (ela é quebradiça e contém de modo mais forte as contradições) e, segundo, na maioria das vezes, nenhum processo direcionado para um objetivo é assumido — exceção, como visto, são as propostas inspiradas em Marx. Com paradoxos, isto é, figuras dialéticas do pensamento, os processos globais são naturalmente difíceis de ser descritos. Mas para isso também não são tomados quaisquer atalhos na análise da dinâmica global.

Por muitos autores é enfatizado, além do mais, neste contexto que o conhecimento sobre a dinâmica global também é sempre limitado, e por isso enunciados gerais sobre desenvolvimentos da sociedade mundial são possíveis apenas de modo condicionado. O cuidado teórico exigido pela filosofia intercultural é um exemplo convincente para isso. Com descrições dialéticas será trazido à tona que o conhecimento sobre a dinâmica global sempre está insoluvelmente ligado ao não-saber sobre isso.

Desse modo, muitas teorias da globalização evitam descrições definitivas de aspectos particulares da realidade global, o que se pode ler muito bem nas descrições dialéticas. Filosoficamente pode-se interpretar isso do seguinte modo: "Justamente esse caráter processual é aquele que institui a unidade: Toda relação do complexo de relações, que o mundo incorpora em um certo ponto [...] depende do conjunto estrutural de relações do mundo. [...] O processo do mundo [...] forma uma unidade de relação de efeitos" (SCHLOSSER 1993, p. 80). Enquanto as teorias da globalização se apropriam desse modo de pensar, a dinâmica global em sua relacionalidade pode ser convincentemente elaborada de modo teórico.

Conexões globais devem ser, portanto, sempre levadas a sério em sua estrutura polidimensional. Isso significa também que não apenas as relações entre Estados, mas também entre os múltiplos atores no espaço público global precisam ser observadas. Ademais, a globalização também não consiste apenas em relações políticas ou econômicas. Ela constitui-se, antes, por meio de uma mescla colorida de conexões diferentes. Um aspecto importante do entrelaçamento global de relações, ainda hoje frequentemente deixado de lado, é a dimensão cultural. Para uma compreensão da dinâmica global ele desempenha um papel importante e, com a perspectiva da filosofia intercultural, pode ser introduzido de maneira mais forte no debate sobre globalização.

3 ÉTICA DA GLOBALIZAÇÃO

O que significa refletir sobre ética

No discurso científico há diferentes descrições sobre a globalização — isso ficou evidenciado no capítulo anterior. Conforme o foco das formulações segundo o qual os processos globais são descritos surgem daí diferentes esboços de mapas globais. Por trás das diferentes descrições da globalização encontram-se também firmes pré-escolhas normativas. Nas formulações, a saber, já se decidiu, com a escolha da perspectiva, quais atores ou estratégias políticas serão analisados positiva ou negativamente. Se os Estados serão tomados para análise com maior intensidade ou não também depende de como os instrumentos de controle tradicionais são julgados.

A reflexão moral quer dar conta de tais pré-escolhas normativas e analisá-las. Isso é importante também para se poder fundamentar a escolha de descrição da globalização. Quando boas razões para determinadas pré-escolhas são apresentadas, tanto mais pode ser convincente também a teoria sobre a globalização como um todo. Isso vale naturalmente também para a fundamentação dos modelos de política mundial, que mais adiante serão tematizados em particular. Neste capítulo, todavia, é primeiramente em torno da questão de uma ética da globalização que se adentrará.

A ética é uma disciplina que faz parte da filosofia que, numa formulação bem genérica, se ocupa com a questão acerca da ação boa ou má. Ela discute critérios de avaliação para a ação humana e pergunta sobre seus motivos e consequências. A ética é, desse modo, ainda subdividida em âmbitos diversos. A ética descritiva quer descrever critérios de homens ou de uma sociedade. Nesta variante a ética é uma ciência descritiva. Um segundo âmbito da ética se ocupa com contextos e estruturas de juízos morais. No século XX foram analisados neste âmbito da metaética, por exemplo, os enunciados morais segundo aspectos lógicos ou semânticos.

Ao lado da ética descritiva e da metaética existe como terceiro o âmbito da ética normativa. A ética no sentido normativo pergunta decididamente sobre critérios de avaliação fundamentáveis para o agir. Ela quer refletir a partir de pontos de vista diferentes a possibilidade de justificações de normas e oferecer orientações para a ação. Kant resumiu este objetivo da ética na simples frase: O que devo fazer?. Qual caminho argumentativo será escolhido para isso e se, isto é, em que medida podem ser dadas respostas a esta questão — nisso diferenciam-se as concepções éticas.

As considerações teóricas do âmbito da ética normativa estão correlacionadas às questões concretas do agir individual e social. Estas são tradicionalmente tratadas nos âmbitos particulares da ética, como, por exemplo, na ética empresarial e econômica, na bioética, na ética da comunicação ou da paz. Entre os âmbitos mais gerais e estes de questões relacionadas a áreas particulares da ética existe uma correlação, isto é, os critérios morais não podem ser, um por um, transferidos de um âmbito para o outro. Trata-se, antes, de um processo recíproco de reflexão e adaptação de considerações éticas, razão pela qual aqui também se fala em âmbitos ou subáreas da ética, e não da ética aplicada. A reflexão moral é desde o princípio relacionada às questões da realidade humana.

Neste contexto é digno de nota também que o discernimento ético não é nem uma técnica mecânica, nem pode alcançar certezas últimas. Os resultados da ética normativa são sempre passíveis de questionamento, de reformulação, correspondendo aos desenvolvimentos sociais, e devem ser alimentados no debate público.

A reflexão sobre uma ética da globalização diz respeito tanto ao âmbito da ética normativa quanto ao das subáreas da ética. Trata-se no plano teórico, sobretudo, da questão de em que medida os homens no mundo inteiro podem recorrer aos mesmos critérios morais para o julgamento de ações ou instituições. A maioria das éticas que foram desenvolvidas até os anos de 1980 eram em sua pretensão, na verdade, direcionadas para uma perspectiva universalista. A constatação empírica das conexões globais tornou novamente aguda a questão: pode-se argumentar, apesar ou talvez diante da diferença de culturas, religiões e tradições morais, em favor de um critério ético universal? Por essa razão, desde os anos de 1980 muitos filósofos da moral viram-se desafiados a transpor suas elaborações, na maioria diante do panorama de uma sociedade constituída pelo Estado nacional, para o plano global.

Por outro lado, no âmbito da ética da globalização, questões particulares das subáreas da ética desempenham um papel importante: como devem ser avaliadas, por exemplo, instituições políticas no plano global (filosofia política)? Como deve ser julgado moralmente o desenvolvimento do mercado mundial (ética econômica)? Ou quais critérios podem ser fundamentados moralmente para uma convivência pacífica dos homens no mundo inteiro (ética da paz)?

Três formas fundamentais de uma ética da globalização

No plano da ética normativa é questionado se o homem pode fundamentar normas válidas em escala global. Na filosofia não há para esta pergunta nenhuma resposta definitiva. Cristalizam-se, todavia, alguns modos de argumentação centrais que, em última instância, se poderia dividir em três grupos: (1) a resposta relativista, que enfatiza que não existem normas globalmente universalizáveis; (2) a resposta comunitarista, que igualmente acentua a multiplicidade de normas culturalmente condicionadas, mas além disso reconhece uma assim denominada moral cultural abrangente fraca (ou tênue); e (3) as respostas universalistas, que argumentam em diferentes nuances em favor de critérios éticos universalmente válidos. Este terceiro tipo do argumentar ético é, novamente, subdividido em dois grupos, a saber, numa variante utilitarista (3.1) e noutra liberal (3.2).

(1) O relativista. Teorias relativistas argumentam, de modo geral, que em tudo o que os homens pensam, afirmam ou julgam não pode ser, em última instância, colocada uma pretensão universal. Isso pode referir-se, por exemplo, à relatividade dos idiomas. Nesta perspectiva é acentuado que as línguas são relativas umas para as outras e, por fim, uma tradução plena de um sistema linguístico para outro não é possível.

No entanto, o relativismo não pode ser relacionado apenas a línguas, mas também a teorias científicas. Relativismo no âmbito das ciências significa que teorias científicas não podem mais ser julgadas por um critério supraordenado. Aqui também vale: teorias científicas podem ser conclusivas em si ou consistentes, mas não há um critério universal a partir do qual um juízo supraordenado das teorias particulares possa ser fundamentado. Para o progresso científico são identificadas, portanto, bem outras condições como importantes, por exemplo poder ou dinheiro.

Argumentos relativistas encontram-se novamente também no âmbito da ética. Em relação à pergunta sobre uma ética da globalização, o relativismo normativo é a forma mais importante. Este diz que juízos normativos, em última instância, são apenas expressão dos indivíduos, mas não podem pretender validade universal. Juízos morais não podem ser, portanto, concebidos num plano superior, mas apenas ser compreendidos como expressão da identidade moral de uma pessoa.

O relativismo pode, não obstante, ser relacionado não apenas a pessoas em particular, mas também a grupos maiores, a uma sociedade ou a uma cultura inteira. Na medida em que a globalização torna a multiculturalidade diretamente experienciável, por alguns autores é apresentada a tese de que as culturas particulares são o primeiro sistema de relação para enunciados normativos. Se homens julgam determinadas ações boas ou ruins, então isso depende das respectivas tradições e manifestações culturais. Essa forma de relativismo cultural se tornou um componente sólido do debate sobre a ética da globalização. As tradições morais de franceses, indonésios, colombianos são, por exemplo, fundamentalmente diferentes e não podem ser mediadas entre si — esta é a ideia básica dos relativistas culturais. Da experiência da diferenciação das culturas e suas representações morais será concluído, portanto, que não pode haver nenhum critério abrangente que possibilite uma ponderação entre as tradições morais culturais. O relativista cultural vai, por isso, naturalmente observar e enfatizar em sua descrição de processos globais acima de tudo as diferentes formas culturais.

Johann Gottfried Herder (1744-1803), que marcou o debate filosófico do século XVIII, é uma referência para a perspectiva cultural relativista, por exemplo. Em sua filosofia da história ele enfatiza que a história e o desenvolvimento de culturas particulares é sempre algo extraordinário desde uma perspectiva superior. Por isso, também os potenciais normativos das respectivas culturas dificilmente podem ser pensados um contra o outro. Além disso, desenvolvimentos culturais geralmente, vistos de fora, são muito difíceis de compreender. Daquele que observa de fora é exigido para isso um ato divinatório de se colocar para dentro da perspectiva. No entanto, também este ato não possibilita uma compreensão perfeita e tampouco uma penetração em uma moral universal. Ele possibilita, por fim, apenas uma compreensão aproximada de culturas estranhas. O momento subjetivo das respectivas culturas é, em última instância, intransponível. Por um lado, isso se deve à dinâmica própria da referida cultura, por outro lado em virtude da estreita ligação ao local por parte do observador. Apesar disso o próprio Herder admite que é possível, com o esforço correspondente, compreender-se no interior de outras culturas a partir do local em que se está. O relativista cultural *par excellence* rejeitaria isso.

O que parece problemático numa perspectiva cultural relativista entendida de modo forte é que ela, ao menos parcialmente, contradiz a intuição humana. Homens constatam tanto em seu contexto cotidiano quanto no plano global que as fronteiras culturais não são um bloqueio hermético. Homens de culturas diferentes podem falar uns com os outros e também compreender reciprocamente tradições alheias e modelos de argumentação. Justamente a globalização fortalece a experiência de que os homens coabitam o planeta Terra de modo comum e diante de exigências comuns podem entender-se. Ainda que uma compreensão perfeita das culturas seguramente sempre esbarre em limites, é claro que uma aproximação recíproca à outra cultura é plenamente possível. As várias instituições globais que se formaram nas décadas passadas para temas como comércio mundial, preservação ambiental ou migração são um exemplo para tais aproximações recíprocas entre as culturas. Na medida em que os homens consideram este tema importante em todas as culturas, eles podem entender-se sobre isso no plano global e organizar-se politicamente.

A questão que permanece, todavia, é se, para além de um compreender que se aproxima, é concebível também uma crítica recíproca das tradições morais. O relativista afirma não apenas o fechamento recíproco das culturas, mas também a impossibilidade de uma crítica superior. Podem os homens julgar ruins certos modelos de comportamento em outros contextos culturais? Podem, por exemplo, os europeus criticar o tratamento dispensado às mulheres nos Estados árabes? O relativista necessita, no fundo, negar esta questão, pois não há critério superior para isso.

(2) O comunitarista. As posições comunitaristas, que desde os anos de 1980 foram formuladas no debate filosófico, têm parcialmente uma certa proximidade com a posição relativista. Comunitaristas como Charles Taylor (1931-) ou Alasdair MacIntyre (1929-) enfatizam que normas sempre são enraizadas na comunidade definida linguisticamente, culturalmente ou religiosamente. Em toda comunidade existem representações morais compartilhadas e vividas, as quais são a base para o julgamento de ações nessa comunidade.

Com essa perspectiva deve ser destacado, primeiramente, que o homem não pode ser concebido como indivíduo isolado, como isso foi frequentemente usual na tradição filosófica da Modernidade. A aristotélica natureza social do homem é fortemente posta em questão, contra o que especialmente defensores de uma tradição kantiana se defendem. Em segundo lugar, o comunitarismo quer acentuar a pluralidade de tradições e argumentos normativos. Sendo os homens sempre parte de uma determinada comunidade, suas representações morais também são sempre presas a essa comunidade, sobretudo quando se trata da fundamentação de normas.

No entanto, os comunitaristas incluem, ao mesmo tempo, diante dos relativistas também um elemento universal. Autores como Michael Walzer apontam para o fato de que os homens de diferentes culturas realizam uma aproximação recíproca no espaço transcultural. Surge daí uma nova comunidade global, na qual igualmente normas de ação comuns se formam. A nova moral global é algo como um denominador comum entre as comunidades participantes. Este mínimo denominador comum pode ser, na verdade, pequeno e frágil. Apesar disso, justamente a globalização mostra que, em espaços transnacionais ou transculturais, exatamente tais representações morais desempenham um papel importante. É porque os homens experimentam-se, sempre com mais frequência, não apenas como parte de culturas particulares, mas como cidadãos do mundo que eles formam também, uma moral universal e global ainda que fraca. A partir desta é possível, ao menos preliminarmente, uma crítica das tradições normativas das sociedades ou culturas particulares.

Um exemplo para isso é o discurso sobre os direitos humanos sob o teto das Nações Unidas. Mesmo que se enfatize sempre que os direitos humanos são oriundos da tradição ocidental, eles servem hoje a muitas culturas no mundo inteiro como critério universal, com o qual é possível uma crítica de outras culturas. Tal discernimento ético é capaz de evidenciar bem a compreensão da globalização como rede.

A vantagem dessa posição reside em romper com a dificilmente acessível ideia de um completo fechamento das culturas. Não obstante, o problema é que frequentemente não está claro o que deve ser contabilizado como posição universal, como esta surge ou como ela pode ser fundamentada. Parcialmente é apenas descrito que em alguns lugares surge essa moral universal, mas permanece obscuro quais argumentos falam por ela e o quanto ela alcança em geral.

(3.1) O utilitarista. O primeiro tipo argumentativo de uma ética da globalização é a perspectiva utilitarista. Este também tem uma longa tradição na história da filosofia. Jeremy Bentham (1748-1832) e John Stuart Mill (1806-1873) são seus expoentes mais conhecidos. O utilitarismo parte da utilidade ou felicidade do indivíduo. O alvo da argumentação é a maior maximização possível dessa utilidade individual. É desenvolvido, portanto, um cálculo de utilidade com o qual, entre as ações particulares para lá direcionadas, são consideradas quais podem produzir o máximo de utilidade possível. De uma perspectiva ética devem ser, então, privilegiadas as ações que maximizam a utilidade para além de um determinado espaço de tempo. Bentham formulou de modo paradigmático esse objetivo utilitarista: é o objetivo justificado eticamente de realizar "a maior felicidade para o maior número". Mesmo com toda a heterogeneidade das diferentes variantes dessa argumentação utilitarista, fundamentalmente trata-se sempre de avaliar as consequências da ação humana ou das regras sociais segundo sua utilidade.

Percebe-se logo que essa posição utilitarista ultrapassa o relativismo cultural, pois ela implica a aceitação de que os homens dispõem de um critério universal para o julgamento de ações no plano global: a maximização da utilidade. Esse critério pode ser aplicado em todas as sociedades e ações podem ser julgadas conforme ele. Ainda que o utilitarista não chegue ao conteúdo de normas, ele oferece um critério formal: a utilidade. Esse critério é aplicável a todos os casos da reflexão moral. Com isso o utilitarista abre uma perspectiva universalista.

Uma argumentação moral de tal natureza é facilmente conciliável com a lógica econômica, pois também a economia objetiva, ao final, uma maximização da utilidade dos respectivos sujeitos da economia. Justamente por isso na discussão sobre globalização (entendida como processo econômico mundial) os argumentos utilitaristas desempenham um papel importante. Argumenta-se que uma expansão do comércio mundial com bens ou finanças fomenta a utilidade de todos os homens no mundo inteiro. Exatamente por essa razão é que também uma liberalização do comércio mundial é justificável eticamente. E mais: a liberalização é exigida, porque com isso tem origem a maior quantidade de utilidade para a comunidade mundial.

A posição utilitarista traz consigo, todavia, algumas dificuldades. Primeiro, não está claro se é possível um acordo no plano global em geral sobre a determinação da utilidade. Se se perguntasse a representantes de culturas diferentes o que significa utilidade ou felicidade para eles chegar-se-ia provavelmente a respostas muito diferentes. Por essa razão o utilitarista se verá sempre confrontado com o problema de fundamentar o que deve ser entendido sob o termo utilidade. Na maioria das propostas utilitaristas se recorre a um conceito orientado pelo consumo e, com isso, a utilidade é, em última instância, entendida monetariamente. Por isso os teóricos da globalização que se decidem por uma ética utilitarista frequentemente estão atentos aos aspectos econômicos dos processos globais, porque estes podem ser esclarecidos com um conceito monetário de utilidade, com o que, mais uma vez, se mostra o significado das pré-decisões normativas relacionadas à descrição da globalização. Diante dos utilitaristas, o relativista iria contra-argumentar, além do mais, que uma compreensão monetária de utilidade está presa ao modelo de civilização ocidental. Nesta perspectiva, uma compreensão de utilidade de tal natureza esbarra rapidamente em limites.

A segunda desvantagem consiste em que a utilidade, no plano global, é compreendida na maioria das vezes como utilidade para um grupo (isto é, a comunidade mundial em seu conjunto), ou seja, como uma grandeza resumida. O utilitarista torna difícil para si perguntar para quem, pois, a maximização da utilidade trará uma vantagem. Se a situação da comunidade mundial inteira não é piorada em seu conjunto, mas o aumento da utilidade vem em favor, sobretudo, dos homens nas nações industrializadas, o critério utilitarista aparece, por exemplo, da perspectiva da África, qualquer outra coisa que eticamente instrutivo. Questões de distribuição são pouco analisadas pelos utilitaristas, o que é problemático.

(3.2) O liberal. A forma liberal do universalismo está situada na tradição de Kant. O homem como ser racional e livre é o centro dessas considerações. Os éticos liberais afirmam que há boas razões para argumentar partindo do indivíduo para critérios universais de ação.

Desse modo, já Kant acentuava que o homem dotado de razão e vontade pode discernir a partir de si mesmo o princípio universal de ação. O imperativo categórico é a conclusão dessa consideração: "Age apenas segundo uma máxima tal por meio da qual tu possas querer que ela se torne uma lei universal". Com isso tem-se um critério universal para a reflexão moral. É importante aí que diante das éticas medievais garantidas teologicamente nenhuma norma de conteúdo será dada. O imperativo categórico também é simplesmente um princípio formal, mas como tal é universal.

Muitos pensadores da filosofia prática no século XX assumiram essa ideia kantiana e a pronunciaram de novo modo. John Rawls fundamentou em sua teoria da justiça que os homens dotados de razão seriam capazes de, numa situação fictícia original, se decidir por princípios formais de justiça. De certo modo, por interesses racionais próprios, os homens nesta posição original votariam pela maior quantidade de liberdade possível e igualdade de chances como princípios políticos.

Tais éticas liberais enfatizam, diante dos relativistas culturais e também diante dos comunitaristas, que a reflexão moral assenta primariamente sobre o indivíduo. Este é dotado de razão e, em última instância, só em perspectiva secundária é parte de uma comunidade de normas. Por isso, em perspectiva global, os homens podem também chegar a critérios normativos comuns de ação, porque em todos os lugares do mundo os homens são racionais. Independentemente do modo de argumentação, sustenta-se (para isso existe também no campo das éticas liberais uma grande multiplicidade) que em última instância nenhum argumento há contra as regras de jogo universalizáveis da convivência, as quais abrem, ao mesmo tempo, para cada homem o maior espaço possível de ação.

Em uma perspectiva política pergunta-se, então, quais regras limitam as liberdades fundamentais ou com quais instituições a justiça social pode ser realizada da melhor maneira possível. Ante os utilitaristas é enfatizado que não se trata apenas da maximização da utilidade, mas de regras universais do jogo, que se sedimentam em direitos. Nas descrições da globalização as propostas éticas liberais encontram-se frequentemente em duas direções: ou elas atentam, sobretudo, para o Estado ou formas políticas similares a ele, porque com estas a justiça pode ser estabelecida através do direito, da melhor forma possível; ou elas enfatizam o momento social do homem e pensam, então, acentuadamente em redes e procedimentos políticos formais para a solução cooperativa de problemas globais.

Uma vantagem importante destas proposições éticas liberais é que elas evitam consideravelmente enunciados de valores. Aquilo que os homens fazem em seu espaço privado permanece, em última instância, fora do juízo ético. Éticas liberais são, assim, a expressão de um entendimento do pluralismo moderno. Por meio de considerações teóricas sobre justiça pergunta-se pelos princípios universalizáveis (mas, na maioria, muito formais) para a formação política de estruturas sociais mundiais.

Problemático nesta abordagem é que ela se constrói sobre dois pilares de sustentação do pensamento ocidental: o indivíduo e uma determinada compreensão unitária de racionalidade. Exatamente isso será criticado pelos defensores de outras culturas. Outras tradições culturais — conforme o argumento da filosofia intercultural — nem se constroem sobre um indivíduo interpretado atomisticamente, nem conhecem um conceito de razão tão forte. A relação da formação de instituições com as influências culturais das comunidades particulares é, além disso, muito pouco levada em conta.

Uma filosofia da globalização não pode ser construída unicamente sobre uma dessas propostas éticas. As observações críticas mostram que cada um dessas abordagens têm vantagens e desvantagens. Todavia, as desvantagens de uma concepção relativista cultural e utilitarista são tão grandes que estas pouco são consideradas para tal.

Para a presente ética da globalização é sugerida, portanto, uma forma combinada a partir da posição liberal e comunitária. Ainda que ambas tenham sido com frequência construídas como princípios ideais opostos, mostra-se justamente no contexto da globalização que no fundo elas podem complementar-se reciprocamente. Com a perspectiva comunitarista pode-se enfatizar que as diferenças num mundo globalizado devem ser sempre observadas na busca de uma moral global. O enraizamento em tradições morais é sentido como importante pelos homens no mundo inteiro. E mais: elas são um componente central da identidade do homem e também importantes para a motivação do cidadão do mundo na participação nos processos políticos mundiais. Ao mesmo tempo, a globalização exige, todavia, a procura de uma fundamentação convincente para uma moral válida universalmente. Os homens não vivem apenas em comunidades fechadas, mas podem perguntar por normas abrangentes e também reconhecê-las, com base nas diferentes experiências (por exemplo, sua capacidade de falar). A forma liberal da reflexão moral pode — quando atenuados os pressupostos da individualidade e da racionalidade — ser uma estratégia convincente na procura por regras morais universalmente válidas para a convivência na Cosmópolis.

Dimensões globais da justiça

O pensar sobre questões éticas recebeu um enorme impulso com a obra *Uma teoria da justiça* de John Rawls, em 1971. Certamente, também por isso é que a questão da justiça é até hoje um ponto central e de viragem do debate ético. Independentemente se do lado dos liberais ou dos comunitaristas — no centro do debate emerge sempre de novo a questão de em que medida a justiça pode ser, isto é, deve ser, o critério para o julgamento de ações globais. Em que medida pode a justiça erguer aí uma pretensão universal e qual papel desempenham as influências culturais sobre justiça —, sobre isso, certamente, nem sempre há acordo entre os filósofos.

Parece sensato e importante para uma ética da globalização retomar de modo particular a questão da justiça, questão central na filosofia prática. O objetivo é reconstruir as diferentes facetas da justiça na atual discussão e perguntar quais têm um significado especial para uma ética da globalização. Se nos capítulos precedentes foram apresentados importantes modos de argumentação moral, a partir de uma perspectiva mais descritiva, então agora, como no exemplo da justiça, deve ser discutida a questão de um fundamento normativo para a ética da globalização.

O pensar sobre a justiça baseia-se, em última instância, sobre a experiência cotidiana de que os homens ou grupos nem sempre perseguem os mesmos objetivos. Seus objetivos, com frequência, também não são fáceis de harmonizar, na medida em que inevitavelmente trata-se também de pretensões e interesses concorrentes. Como nem todas as pretensões podem ser satisfeitas ao mesmo tempo e de modo total, faz-se necessária uma figura moral norteadora, que possibilite uma divisão adequada em casos de conflito de interesses ou pretensões. Justiça é no discurso filosófico contemporâneo simplesmente a figura norteadora, que quer oferecer uma orientação para uma tal compensação.

Os homens formam no plano global uma comunidade mundial. Ainda que alguns filósofos tornem mais clara essa perspectiva do que outros, este parece ser um primeiro postulado central em todas as abordagens que se ocupam com a globalização. Por isso, de uma perspectiva moral, uma primeira e importante faceta da globalização é a exigência de que todos os homens dessa comunidade tenham as mesmas chances de sobrevivência. Justiça global relaciona-se, então, sobretudo com que se assegure tanto quanto possível a sobrevivência de todos os homens. Com isso, as necessidades básicas dos homens estão no centro da questão da justiça. O princípio da justiça de necessidade anuncia que a comunidade global se mostra justa quando ela procura assegurar a sobrevivência de todos os seus membros. Deste princípio de justiça de necessidade origina-se a exigência de que as consequências da globalização devem ser problematizadas especialmente lá onde elas ameaçam a sobrevivência humana no sentido do provimento dos bens fundamentais necessários a ela. Segundo este princípio, a satisfação das necessidades básicas tem a mais alta prioridade.

Nesse contexto, não obstante, deve ser esclarecido em detalhe o que se deve considerar necessidades fundamentais. Olhando para a pluralidade da vida humana é possível imaginar que a justiça de necessidade é compreendida de modos diferentes nas diferentes culturas. Em todo caso, poder-se-ia manter firme que as necessidades básicas não se relacionam meramente à nua e crua sobrevivência, mas devem ser compreendidas como correspondentes a uma visão mais abrangente de existência humana.

Tanto no interior de um país quanto no plano global, o princípio da justiça de oportunidades desempenha também, ao lado do primeiro, um papel importante. Na grande maioria das concepções morais é enfatizado que uma sociedade justa deveria possibilitar ao máximo possível de homens a oportunidade de participar de processos políticos e ter acesso aos processos de intercâmbio econômico. Trata-se, portanto, de uma formação justa, o máximo possível, da distribuição de oportunidades no interior de uma sociedade, isto é, na sociedade mundial como um todo. Direitos de participação política, segurança jurídica ou acesso à educação, à saúde e a sistemas de segurança social são aspectos de tal justiça de oportunidades.

É evidente que primeiramente a respectiva comunidade ou, respectivamente, o Estado são aqueles que deveriam assegurar tais direitos. Todavia, a justiça de oportunidades não desempenha um papel apenas neste plano. Quando se trata da participação política no plano global, instituições políticas mundiais são tão estruturadas que, sobretudo, alguns poucos países poderosos dominam as decisões, restando aos outros países, fundamentalmente, poucas chances de uma participação ativa. O mesmo vale para as oportunidades de participar ativamente em processos de circulação econômicos mundiais. A justiça de oportunidades relaciona-se, portanto, como exigência normativa também no plano global. Este argumento moral também fala contra olhar muito, no plano da descrição, para o Estado e ignorar o nível superior ao Estado.

Este pensamento conduz a outra faceta da justiça global, a saber, a justiça procedimental. A justiça caracteriza-se em perspectiva global por meio do desenvolvimento de instituições e processos políticos, nos quais todos os envolvidos participarão o máximo possível. A justiça das estruturas de ordem depende em grande medida de como se realizam condições gerais políticas e quem decide, quais regras valem para qual momento e respectivamente quais serão postas de lado. Por isso o princípio da justiça procedimental recebe um significado decisivo que, por exemplo, na teoria sistêmica é avaliado de modo muito fraco.

Nas decisões políticas mundiais se presta muito pouca atenção à fala dos países pobres, que frequentemente possuem menos possibilidades de trazer suas visões ao processo político. Tanto pessoalmente quanto em sentido financeiro estão claramente à sua disposição menos recursos para a participação em processos internacionais. Tais deficiências devem ser avaliadas como negativas e remediadas na medida do possível, por razões da justiça procedimental.

Outro aspecto da justiça procedimental refere-se ao âmbito do mercado global. Justiça, no mercado mundial, significa que uma troca justa entre todos os participantes do mercado será viabilizada. Justamente os participantes do mercado menos favorecidos são dependentes disso, isto é, de poderem participar dos efeitos conjunturais de bem-estar econômico, conforme sua capacidade produtiva. As condições gerais da economia mundial deveriam, por isso, garantir um intercâmbio econômico justo. No respeito ao princípio da justiça de troca trata-se, por exemplo, de que os países ricos, por um lado, não proponham exigências de liberalizações demasiadas nos negócios (por exemplo, no âmbito da prestação de serviços) e, por outro lado, protejam massivamente âmbitos sensíveis para si como o agronegócio.

Com isso estão esboçados os aspectos centrais da justiça global. Olhando-se para a descrição inicial da globalização, fica claro imediatamente que de longe ainda não foram desenvolvidos, com isso, princípios de justiça para todos os interesses globais. A globalização traz evidentemente ainda muitos outros desafios consigo. A relação com o passado colonial e as assimetrias de poder entre Norte e Sul a ele relacionadas, a feminização da migração ou também as discussões atuais em torno do domínio das consequências climáticas são exemplos disso. Eles mostram claramente que as denominadas facetas da justiça oferecem apenas um modelo básico, que deve ser sempre reafirmado.

Alguns desses desenvolvimentos contínuos da justiça são aqui brevemente indicados. Justiça relaciona-se em várias propostas primeiramente à situação contemporânea da sociedade mundial. Justiça não é, todavia, algo puramente estático, mas tem sempre também uma dimensão temporal, não por último, porque já na atual situação várias gerações convivem umas com as outras. Por isso a comunidade solidária deve ser ampliada temporalmente. Justiça intergerações é, nesse sentido, relacionada tanto a uma perspectiva voltada para o passado quanto a uma perspectiva voltada para o futuro.

Do princípio da justiça entre gerações pode, por exemplo, ser concluído que hoje determinadas medidas políticas devem ser tomadas (proteção climática) para se deixar às futuras gerações as melhores chances possíveis de formação e sobrevivência. O princípio da justiça ambiental endossa essa consideração. Os encargos das mudanças ambientais, por causa das conexões do sistema ecológico global, não aparecem necessariamente lá onde eles foram causados. O princípio de justiça ambiental expressa que os efeitos negativos de influxos ambientais surgidos faticamente em uma região devem ser postos em relação com os fatores causadores, e uma distribuição mais justa possível dos encargos deve ser vislumbrada. A partir das considerações da justiça ambiental parece, por isso, eticamente problemático que as consequências da mudança climática, que são causadas sobretudo pelos países do Norte, mostrem seus efeitos frequentemente nos países do Sul.

Muitas vezes as mulheres são prejudicadas de várias maneiras, a saber, como pobres, como mulheres e às vezes ainda mais como pertencentes a minorias étnicas ou religiosas. Elas têm não apenas pouco acesso aos recursos econômicos, à formação ou às disposições do Estado de direito, mas são mesmo excluídas, de vários modos, de processos de decisão. Correspondendo ao princípio da justiça de gênero, deve-se atuar na direção contrária a uma distribuição desigual entre os gêneros. Também este princípio volta-se em primeira linha às respectivas comunidades, isto é, aos Estados. Mas, como o prejuízo das mulheres também é sempre mais forte como problema global, a justiça de gênero é também uma importante faceta de uma ética da globalização.

Nos anos passados pesquisas apontaram que mulheres emigram mais do que homens e isso, em parte, traz consigo consequências difíceis de ser combatidas por elas. Com base no princípio da igualdade de gênero e no princípio de justiça de gênero extraído daí, a suscetibilidade desigual dos gêneros pelos problemas globais mostra-se como eticamente relevante de modo extraordinário.

Os denominados aspectos são facetas do princípio fundamental da justiça; no entanto, correspondendo aos múltiplos problemas globais esta lista ainda deve, certamente, ser mais bem especificada. Propostas éticas diferentes apresentam naturalmente diferentes pontos de inflexão. Iniciativas liberais enfatizam o aspecto universal da justiça, ao que os comunitaristas contrapõem, sobretudo, o significado das tradições culturais particulares do pensar sobre a justiça. Correspondentemente à limitação de ambas as argumentações acima esboçada, é importante na reflexão sobre a justiça também um olhar de ambas as perspectivas sobre os princípios particulares.

Ao princípio da justiça da necessidade é atribuído um significado fundamental, porque com isso é vislumbrada a forma mais elementar da sobrevivência humana. Justiça de oportunidades e de procedimentos compreendem-se no mesmo plano ordenado, como especificação. Especialmente a justiça procedimental parece receber um significado especial com relação à construção de estruturas políticas mundiais, pois há neste âmbito ainda uma necessidade considerável de melhoria. Justiça como objetivo visado não é nem tecnicamente planejável, nem jamais completamente alcançável. Esta é uma tensão fundamental que reside no fundo de toda argumentação moral. Justiça é, por isso, para Derrida uma experiência da impossibilidade que, no entanto, precisamente nesta forma tem uma função orientadora e motivadora para a sociedade mundial.

Instituições e lentes da ética de virtudes

Uma questão importante da ética é, desde sempre, se o comportamento do indivíduo ou a formação institucional da sociedade como um todo é mais importante. Traduzida para a reflexão sobre uma ética da globalização, poder-se-ia resumir essa discussão da seguinte forma: os critérios de justiça apresentados direcionam-se em primeira linha aos indivíduos, ao cidadão do mundo, ou eles são muito mais regras de ação para a estruturação política de instituições e processos globais? Também estas questões se refletem novamente nas diferentes descrições da globalização: observa-se antes o cidadão do mundo e suas possibilidades para a estruturação de processos globais (lentes da ética de virtudes) ou são enfatizadas as instituições políticas para a realização da justiça global (lentes ético-institucionais)?

Se uma ética da globalização pretende ser convincente, ambos os polos parecem ser igualmente centrais. Assim como o homem age, enquanto indivíduo, ele é sempre parte, ao mesmo tempo, da comunidade mundial e, por isso, atingido pelos efeitos das instituições globais. Ambos os aspectos são partes do mesmo conjunto e não podem ser separados.

Um mundo que se esforça intensivamente para a construção de instituições justas mas no qual os próprios homens não desenvolvem representação alguma sobre como eles querem implementar a justiça no plano individual irá esbarrar rapidamente em seus limites. Instituições vivem na medida em que os homens em seu cotidiano a preenchem com vida e possivelmente também corrigem os pontos cegos das instituições por meio da própria ação responsável. Por outro lado, um mundo que é complexo e se modifica rapidamente não poderá se assentar unicamente sobre o comportamento do cidadão do mundo individualmente. A boa ação no plano individual não iguala necessariamente deficiências estruturais. A pergunta pelas instituições justas é, por isso, do mesmo modo, componente necessário de uma ética da globalização.

No discurso atual sobre justiça global predomina, todavia, a reflexão sobre uma justa estruturação das instituições globais. Como pode então o lado ético-individual da medalha ser fortalecido e integrado nessa reflexão sobre a justiça global? Um olhar de volta para Aristóteles e sua compreensão da pólis como a união de cidadãos ativos é útil nesse sentido, pois nela se mostra especialmente de modo claro a ênfase do indivíduo na questão da justiça.

Isso é assegurado de modo firme na questão acerca da virtuosidade do homem. A virtude é a disposição, adquirida por meio do discernimento, de assumir responsabilidade socialmente e, eventualmente, de tomar distância dos próprios interesses. Uma vida virtuosa é para a filosofia antiga um passo importante no caminho para uma vida bem-sucedida. As virtudes devem ajudar os homens a conduzir sua vida fiéis a si mesmos e conformes à comunidade. Ao mesmo tempo, tais virtudes auxiliam nos casos em que os regramentos institucionais esbarram em seus limites, pois instituições são sempre provisórias e têm apenas possibilidades limitadas para a realização de normas universais.

Na *Ética a Nicômaco* o próprio Aristóteles fala sobre tais limites das instituições e sobre como os problemas surgidos daí podem ser equiparados por meio do homem agente virtuoso. O direito como realização da justiça mostra sempre, conforme sua opinião, lacunas e por isso sempre deve ser complementado através do indivíduo.

Se está correto que estruturas globais apresentam uma alta dinâmica própria e são muito complexas, então é evidente que especialmente instituições globais darão conta apenas parcialmente desse problema. Lá onde as instituições, na estruturação política, esbarram em seus limites, o cidadão do mundo é desafiado a se incluir, no plano individual, ativamente no processo político. As virtudes comprovam-se como parte complementar para a estruturação de instituições.

Otfried Höffe fala, com base nessa compreensão antiga de virtude, até mesmo de virtudes cosmopolitas. Para ele trata-se de uma fundamentação moral de virtudes cívicas que oferecem um valioso apoio na realização de princípios gerais de justiça. Ele designa, sobretudo, as quatro virtudes do direito, da justiça, da cidadania e do espírito público[1], que são importantes no plano global. Höffe limita, na verdade, que tais virtudes globais certamente não podem ser formadas de modo tão forte como no plano das comunidades particulares. No entanto, para a futura formação da dinâmica global, elas são um elemento necessário e razoável para a participação política no plano do cidadão do mundo. Critérios de estrutura global serão bem-sucedidos, em última instância, apenas quando os cidadãos do mundo não os tomarem meramente de modo passivo, mas quando eles participarem ativamente de sua elaboração. A ideia de uma sociedade civil global assenta-se exatamente neste ponto.

No sentido de uma perspectiva abrangente, pode-se, com Aristóteles, chamar a atenção para o fato de que a ética das instituições sempre está ligada num plano fundamental à ética dos indivíduos. Ambas pertencem originariamente a um solo comum, pois a formação de estruturas sociais globais não é uma tarefa apenas de instituições, mas construída, em última instância, sobre o comportamento dos indivíduos. Se a dinâmica global deve ser estruturada segundo determinadas normas, também as partes individuais da sociedade —

---

1. A palavra "Gemeinsinn" pode ser traduzida em alguns casos por "senso comum", mas também como "sentido ou espírito acerca daquilo que é comum a todos" ou "senso de coletividade", isto é, remetendo claramente à ideia daquilo que é bem público. (N. do T.)

neste caso, os cidadãos do mundo — são chamadas a endossar tal estruturação e a se comportar de modo correspondente. A isso deve ser acrescentado que não se trata apenas em um sentido regulamentador de uma limitação de determinados comportamentos, mas em um sentido positivo do preenchimento de conteúdo do espaço aberto de ação.

Conclusão: entre universalismo e particularismo

O resultado da pergunta sobre uma descrição convincente da globalização foi que a sociedade mundial deve ser compreendida como uma complexa e dinâmica rede de relações e interações. Nessa rede de relações estão conectados diferentes atores, grupos e instituições. Os homens são parte desse processo e, com isso, parte da sociedade mundial. Em diferentes planos, isso é sempre mais constatável, tanto positiva quanto negativamente. Os homens são parte de uma comunidade-destino e procuram pelas possibilidades de um agir em comum.

Ao mesmo tempo a globalização torna constatável também o oposto disso. Quanto mais os homens se dão conta de que são parte de uma comunidade mundial, tanto mais importante torna-se para eles a ligação cultural ao grupo no qual eles cresceram. A comunidade na qual os homens vivem com sua linguagem, sua história, sua cultura e também com suas representações morais é o ponto de referência ao qual muitos homens no mundo inteiro atribuem enorme importância.

Uma ética da globalização deveria levar a sério ambos os mundos de experiência. De um lado, de uma perspectiva ética, a aceitação de normas universais no plano global mostra-se bastante convincente. Os homens são parte de uma comunidade global e conhecem já no plano descritivo que eles compartilham uma moral global comum. Como parte da sociedade mundial isso é passível de constatação hoje para todos os cidadãos do mundo. Com relação à fundamentação dessa ética universalista é, todavia, importante mantê-la aberta tanto quanto possível ante a multiplicidade de tradições culturais. Por essa razão, também deve-se evitar um ponto de partida exclusivo do indivíduo na argumentação filosófica ou um acento demasiado grande de determinada compreensão de racionalidade, porque ambas as representações são o núcleo central aceito na história da filosofia e da tradição ocidental.

Uma ética da globalização deveria, a partir daí, argumentar em favor de um universalismo ético que percebe normas como universalmente justificáveis, com as quais os homens, num discurso intercultural e considerando suas próprias tradições, possam concordar. Um foco utilitarista para o critério do benefício pode servir tampouco para essa mediação entre moral universal e diferenças culturais quanto o relativismo cultural. Tanto a ética comunitarista quanto a ética liberal são aqui claramente mais convincentes.

Um universalismo ético assim compreendido é desafiado a observar que a dinâmica global é caracterizada sempre por diferentes atores e sistemas. Essas diferenças e esse horizonte de valores devem também ser interpretados em uma perspectiva normativa como componente essencial da dinâmica global. Nas formas de vida e em horizontes de valores condicionados culturalmente é que, em última instância, a argumentação universal encontra seu local de fixação. Unidade (moral universal) e diferença (pluralidade de tradições normativas) estão em relação recíproca indissolúvel — esta é uma característica central da ética da globalização. Nesse sentido, uma ética da globalização mostra-se como um cosmopolitismo brando, tal como formulado por Nida-Rümelin: "Mesmo quando a normatividade não pode ser obtida sem uma pretensão de validade universal, as fundamentações normativas são, ainda assim, ancoradas nas particularidades das formas de vida e das culturas" (2006, p. 236).

Se o cosmopolitismo não reconhece as diferenças, ele está em perigo de fomentar conflitos violentos no plano global, pois os homens querem exatamente com estes fazer que suas tradições sejam levadas a sério — sejam eles brasileiros, indianos ou suíços. Com isso, no final das contas, o próprio projeto universalista estaria posto em perigo. Mas, por outro lado, se o mundo é dividido em partes individuais, que pouco podem se entender ou silenciam, pois não conseguem unir-se em torno de critérios morais comuns, isso contradiz exatamente a experiência fundamental do homem, pois em todas as culturas e igualmente no plano global os homens procuram regras comuns fundamentadas moralmente, que devem possibilitar uma convivência justa e pacífica.

A ética da globalização mostra-se, então, como um cosmopolitismo universalista e, ao mesmo tempo, aberto às culturas. Com isso é enfatizada a necessidade de um reconhecimento das diferenças entre atores, sistemas e contextos culturais e, simultaneamente, o universalismo e o particularismo pensados como reciprocamente implicados um no outro.

Também nesta perspectiva deve ser interpretada a reflexão sobre justiça. Justiça significa estabelecer as relações do cidadão do mundo de tal modo que os aspectos universais (como a satisfação das necessidades fundamentais de todos os homens) são levados em conta tanto quanto a preservação das diferentes tradições culturais no processo global (diferentes formas da democracia). A relação dos diferentes aspectos da justiça, diante do panorama deste campo de tensão, deve ser sempre pronunciada de novo modo nas questões políticas concretas. Nesse processo vale dizer que a justiça como objetivo deve ser sempre vislumbrada de novo modo, na medida em que se sabe que uma realização completa nunca é possível. A justiça permanece como um modelo regulador.

Essa ética cosmopolita da globalização está em evidente relação com o modelo favorito da descrição de globalização como rede de relações. Os cidadãos do mundo experimentam-se como parte dessa rede de relacionamentos e, ao mesmo tempo, nunca podem captá-la completamente de modo reflexivo. Esse limite teórico-cognitivo não conduz, no entanto, a um relativismo cultural. Ser consciente dos limites da razão implica uma consciência do copertencimento dos homens e, simultaneamente, uma abertura para a dinâmica do mundo. Na medida em que se eleva a consciência para o entrelaçamento da realidade global, se estabelece também o humano — essa é a esperança de muitos filósofos que se ocupam com a globalização. Aceitar a dialética entre unidade e diferença não significa cair em um particularismo ou relativismo; mas tal aceitação contém um universalismo ético que sabe de seus próprios limites e enfatiza a responsabilidade diante da alteridade e da diferença. Justamente nessa perspectiva o universal mostra-se humano e pode servir para a orientação da ação dos cidadãos do mundo.

Os capítulos II e III juntos tornam claro que a descrição dos processos globais está em uma relação de condicionamento recíproco de pré-decisões sobre determinadas questões éticas. O mesmo vale para modelos da política mundial. Proposições morais ampliam a tela de orientações no interior da qual se movimentam estratégias e conceitos políticos. Assim, propostas cultural-relativistas e propostas ético-liberais chegam seguramente a consequências bem diferentes no que diz respeito a modelos políticos.

Assim como no interior da ética existem modelos diferentes, para os quais há argumentos a favor e contra, existem também muitos modelos geopolíticos. Na sequência trata-se de uma análise dos modelos mais importantes de geopolítica fundamentados filosoficamente. Deve-se perguntar também aí, novamente, sobre as ligações dos respectivos conceitos geopolíticos com as correspondentes propostas éticas e descrições dos processos globais.

4 MODELOS GEOPOLÍTICOS

Do Estado mundial para a hegemonia — as opções de Kant

Quando se quer obter um panorama sobre os principais modelos geopolíticos apresentados pelos filósofos, um olhar para Kant é novamente de grande valia. Suas ideias no escrito *À paz perpétua* (1795) são clássicas até hoje, de certo modo, nas opções do agir geopolítico.

Ponto de partida de suas considerações é — como já se reconhece no próprio título — o estado de paz. Com isso o conceito filosófico de paz, até então determinado apenas de modo impreciso com muita frequência, retorna ao centro das considerações. Kant pergunta menos sobre como os Estados no plano global conduzem uma aparente luta anárquica de acordo com a divisa "todos contra todos", mas questiona muito mais sobre as condições para uma convivência pacífica entre os Estados. Mediante sua teoria da paz ele não quer simplesmente se conformar com o jogo internacional dos poderes militares e políticos, mas transformar o imperativo categórico num imperativo político da paz. A paz como situação ideal torna-se a ideia reguladora filosoficamente fundamentada do agir político.

A consecução da paz é possível por meio de diferentes estratégias políticas. Kant aponta para a democratização dos Estados mundiais como uma primeira possibilidade. Um mundo globalizado, no qual existissem apenas democracias (Kant fala de repúblicas), poderia ser um mundo pacífico, assim considera ele. Seu argumento visa sobretudo aos cidadãos que numa república precisariam se decidir conscientemente por uma guerra. Mas como os cidadãos não querem assumir nem os sofrimentos, nem os custos que as guerras trazem consigo, vão se decidir consequentemente contra a guerra. Por isso as sociedades constituídas de modo republicano são, segundo as observações de Kant, as mais pacíficas enquanto tais, nas quais o povo não participa das decisões políticas. Na medida em que as democracias, em regra, fomentam o livre agir e propiciam um espaço público para o intercâmbio de opiniões entre os cidadãos, elas poderiam ter igualmente um efeito favorável à paz, na perspectiva global do comércio mundial ou de uma esfera pública global.

Kant pensa, todavia, que apenas a democratização dos Estados não é suficiente, pois na interação dos Estados a maldade humana também desempenha sempre um papel. Para realizar a paz em perspectiva global são necessários, por isso, esforços políticos e jurídicos adicionais, para se poder fazer frente a essa maldade. Kant exige aqui um mandamento de paz para os Estados, a dissolução dos exércitos ou a não-intromissão em querelas nacionais.

Kant dá, é claro, ainda um passo adiante. Para tornar mais clara sua posição ele mostra outros três modelos de política mundial. Poder-se-ia, primeiro, submeter todos os povos a um poder dominante violentamente; segundo, conseguir um complexo sistema de acordos recíprocos de poder; ou, terceiro, fundar um Estado mundial. Estas três opções de política mundial — dominação mundial de um Estado, sistema internacional de Estados independentes e Estado mundial — são até hoje discutidas.

Com base em uma proposta liberal, Kant decide-se por uma variante entre a segunda e a terceira opção e, com isso, por um modelo de uma liga de Estados (mais especificamente: por um federalismo de Estados livres). Ele fundamenta isso com uma analogia entre indivíduo e Estado. Assim como os indivíduos querem preservar sua independência e ao mesmo tempo necessitam, no entanto, estruturar a convivência comum, assim também os Estados são desafiados a organizar suas relações politicamente sem coerção. Como meio negativo entra em cena, por isso, a liga de Estados no lugar de uma confederação coercitiva ou de um Estado mundial homogêneo. Com isso os povos podem manter sua soberania e, todavia, através da forma do Estado a paz pode ser estabelecida no mundo inteiro por meio de mecanismos do direito. Com isso, por um lado, o mundo não é forçado a uma homogeneidade e, por outro, por meio do fortalecimento do direito no plano global, serão correspondidas as exigências atuais.

O federalismo de Estados livres é para Kant, portanto, o objetivo visado pela política mundial. Todavia, o desenvolvimento nesta direção não é planejável num sentido meramente técnico. Kant concebe, entretanto, que a história da comunidade mundial, de certo modo, por trás do indivíduo cidadão do mundo, já está naquele rumo. A liga dos Estados para a segurança da paz mundial é uma visão de futuro que já está contida na realidade social e na ação do cidadão do mundo.

Mesmo que as opções de Kant já tenham mais de duzentos anos, elas são até hoje opções ainda importantes no palco geopolítico. Pode a globalização ser interpretada faticamente como hegemonia de alguns poucos Estados, como por exemplo os Estados Unidos, a China ou talvez a Europa? Ou os homens estão a caminho de um Estado mundial, no qual cedo ou tarde Estados nacionais aparecem apenas como Estados federados de uma formação política comum? Ou não será o sistema das Nações Unidas exatamente o que Kant tinha em mente: um federalismo de Estados livres, no qual a soberania de cada Estado é o ponto central de partida e, com contratos e cooperações, é construído um abrigo global comum? De acordo com a descrição esboçada de globalização devem agora ser analisados estes diferentes modelos de geopolítica, em particular.

Realismo político: a luta dos Estados

O ponto de partida do filósofo Hobbes no século XVII é a hipótese de que o homem é, no fundo, um egoísta. Como cada um persegue apenas seu próprio interesse, prevalece no estado de natureza uma guerra de todos contra todos. Mas, como todos os homens também têm um desejo de segurança e autopreservação, eles se decidem pelo Estado. Para assegurar a paz ou proteger os contratos, deveria ser conferido ao Estado (Hobbes o denomina Leviatã) um poder especial. Todavia, uma ordem supraestatal para assegurar a paz não pode existir. Pelo contrário, entre os Estados mostra-se, de novo, o estado de natureza como elemento marcante. Predomina uma guerra segundo o jargão: cada Estado contra todos.

O modelo implicado nestas considerações da estruturação política da globalização é hoje, na maioria das vezes, caracterizado como realismo político. Esta perspectiva baseia-se em dois pressupostos: primeiro, que os Estados são os atores determinantes da política internacional; segundo, que o Estado mais forte irá se impor na estruturação política. As fronteiras dos Estados são por isso, espacialmente consideradas, os pontos centrais de relação do realismo. Elas são vistas como intransponíveis e como algo a ser protegido. Questões de segurança tanto nos limites de um Estado como internamente representam para os realistas políticos um grande papel, porque elas determinam seu poder de ação como ator global.

Desenvolvimentos supraestatais são interpretados como um jogo anárquico de forças. O objetivo do Estado particular é, através das medidas correspondentes, assegurar o poder, garantir a sobrevivência do próprio Estado, isto é, fortalecer a própria posição. A paz será estabelecida através dessa tensão entre poder e contrapoder. Mas o estado de paz alcançado é, em última instância, muito frágil, porque ele imediatamente é exposto a um novo contrapoder. A política mundial é determinada por meio dos Estados que se impõem neste jogo de forças e podem ditar sua vontade aos outros Estados. Considerados moralmente, a justiça global ou o cosmopolitismo representam apenas um papel secundário no realismo político. Trata-se de uma maximização da utilidade, mas apenas para os Estados em particular.

Precisamente após o 11 de setembro essa interpretação da política mundial parece plausível. Especialmente Estados hegemonicamente agentes como os Estados Unidos parecem ser um comprovante evidente para tal interpretação da política mundial. A perseguição de objetivos políticos com meios militares, a crescente exportação de armamentos no mundo inteiro ou o bloqueio político de países isolados diante da ONU reforçam tal impressão.

Dois aspectos falam, todavia, contra esse realismo político: primeiro, o significado do Estado sobre o qual repousa o modelo do realismo pode ser comprovado apenas parcialmente de modo empírico. Isso já foi apontado nas considerações sobre o conceito de soberania. Ainda quando países como os Estados Unidos perseguem um forte interesse hegemônico, olhando para a paisagem global em seu conjunto pode-se sustentar que os Estados hoje não são (mais) os únicos atores globais. Além disso, muitos Estados também não perseguem mais um puro interesse nacionalmente direcionado. Eles estão relacionados em diferentes constelações de interesses de modo ramificado (redes). Tanto a existência de um sem-número de atores não estatais como as organizações supranacionais falam contra o realismo. Isso vale, por fim, também para Estados como os Estados Unidos.

Segundo, também considerações morais falam contra um realismo político. Moralmente considerado, o realismo se baseia na posição absoluta de diferenças; ele rejeita, no fundo, um universalismo ético. Ele acentua, em lugar disso, exclusivamente o poder individual dos Estados e seus interesses morais particulares. Para a justificação moral de uma política mundial, que diz respeito a todos os homens de modo igual, isso não parece plausível.

Além disso, o realismo se mostra, também numa perspectiva prática na solução de problemas globais, com frequência, contraprodutivo: a ordem de paz forçada por um ator hegemônico é, na verdade, apenas demasiadamente frágil, provoca reações contrárias no mundo inteiro e faz surgir, por exemplo, imensas despesas com armamentos ao custo de reformas sociais. Por isso, cedo ou tarde os modelos realistas da política mundial poderiam ser ultrapassados, porque as tensões (internas e externas) despertadas, isto é, fomentadas por eles tornam-se demasiado grandes. O realismo político tem, por isso mesmo, também em perspectiva prática, poucas chances de uma longa sobrevivência em um mundo globalizado.

República mundial federativa como versão de um Estado mundial

Nas discussões filosóficas atuais sobre política mundial, apenas muito poucos representantes argumentam de modo decidido por um Estado mundial unificado. Melhor representada e significativamente mais importante é a posição levemente enfraquecida de uma república mundial, que tende para uma direção semelhante e que, todavia, não acompanha o último passo na direção de um Estado mundial. Um dos representantes mais famosos de uma república mundial é o filósofo Otfried Höffe. Como sua posição no discurso atual aparece com frequência como base do debate filosófico sobre globalização, ela será apresentada e discutida na sequência, como exemplo para uma versão enfraquecida de um Estado mundial.

A concepção de Höffe está situada na tradição da ética de Kant. Com isso, ela deve ser posicionada como uma ética universal de cunho liberal. Por isso, conforme Kant, ele parte do indivíduo. A ideia fundamental é que os homens, no sentido de um contrato originário, trocam reciprocamente seus interesses. Mediante essa troca eles reconhecem como homens aqueles que estão diante de si, trocam reciprocamente direitos e deveres e, com isso, possibilitam uma comunidade. Essa troca não deve, portanto, ser compreendida no sentido de contratos individuais, mas em uma perspectiva fundamental como uma troca de interesses universal. A reciprocidade tem aí um significado central, porque sem esse momento nenhuma troca real poderia existir.

A partir de tal troca resulta, para Höffe, uma série de princípios fundamentais que apresentam a base de suas considerações sobre globalização. Tais princípios são o direito, a liberdade, a justiça e a democracia. Para se conseguir uma comunidade justa e pacífica os homens se decidem por esses princípios, em última instância, a partir de um interesse próprio racional. Pois apenas onde o direito prevalece, a liberdade dos homens é reconhecida e uma democracia é construída a justiça pode, afinal, ser politicamente estabelecida. Em perspectiva moral, a justiça está, por isso, no centro da argumentação de Höffe, especialmente a justiça procedimental. Esta é expandida sobre o Estado numa perspectiva global.

Ele desenvolve seu modelo de política mundial de modo claro especialmente na discussão em torno da tese de Kant se as democracias são mais pacíficas que outros Estados. Höffe faz valer, até certo ponto por exemplo, o argumento de Kant de que as democracias que buscam o intercâmbio econômico são mais pacíficas ou são acostumadas a exercer a tolerância diante de outros modos de pensar. Todavia, contra o argumento da índole pacífica das democracias ele dirige também alguns contra-argumentos: razões econômicas não falam necessariamente contra uma guerra, como mostra a referência ao significado do petróleo nas guerras da região do Golfo nas décadas passadas. As ciências sociais e a psicologia social também comprovaram de várias maneiras que grupos que são tolerantes internamente não o são necessariamente com relação ao exterior. Além disso, as experiências do século XX demonstram que as democracias podem desenvolver uma grande motivação em guerras. Estados democráticos como a França, a Grã-bretanha ou os Estados Unidos também iniciaram a maioria das ações de guerra — ainda que na maioria contra Estados não democráticos. Por isso, na visão de Höffe, tais argumentos falam numa linguagem evidente: a democratização dos Estados não é suficiente para se estabelecer a paz no mundo inteiro.

Se isso é assim, a construção de instituições globais para assegurar a paz parece, de novo, ser claramente mais importante do que Kant imaginava. Kant decide-se no plano global apenas por uma solução mínima no sentido de uma federação dos Estados. Os Estados concedem apenas poucos direitos soberanos no plano global, porque as instituições supranacionais e uma divisão do poder, no modelo kantiano de política mundial, representam um papel secundário.

Höffe, ao contrário, vota em favor de uma democracia social de Estado no plano global porque, conforme sua opinião, só assim justiça e paz podem ser realizadas de modo abrangente. Ele fundamenta esta posição com a indicação de que os argumentos de Kant contra a república mundial e pela federação dos Estados são, em última instância, inconsistentes. De um lado, Kant enfatiza no nível dos Estados o elemento republicano para o estabelecimento da paz, por outro lado ele contradiz isso justamente no plano global. Como é que Kant não dá aqui o passo consequente e exige também uma divisão global do poder?

Höffe quer resolver essa contradição por meio da concepção da república mundial federativa. No esteio da crescente complexidade da dinâmica global e do aumento dos problemas globais, a construção de uma democracia mundial parece a única resposta razoável e moralmente ordenada. Se esta tese procede, isto é, que o estado de direito e a democracia fomentam a paz e a justiça, então ambos os princípios políticos devem também ser transpostos para o nível global.

Todavia Höffe não exige com isso um Estado mundial unitário. Ao contrário: aos Estados, em particular, é conferido um importante papel, pois eles são, conforme sua opinião, os atores centrais. Também a partir de considerações morais o poder de negociação dos Estados, que se expressa no estado de direito, na divisão do poder e em instituições democráticas, é especialmente importante. Em oposição a um posicionamento realista ele enfatiza, no entanto, a integração ética e política ordenada dos Estados numa república mundial federativa.

Além disso, ele argumenta, diante da exigência de um Estado mundial unitário, que também o Estado mundial não pode ser um fim em si mesmo, mas decisões políticas devem ser sempre tomadas em prol do bem-estar dos homens. Por isso, ele enfatiza o direito à diferença e o princípio da subsidiariedade no modelo da república mundial. Cada cultura tem aí o direito de expressar os princípios fundamentais de justiça de um modo adequado para si, como, por exemplo, pretender um ajuste digno dos direitos humanos nos respectivos contextos culturais — Höffe denomina isso universalismo culturalmente aberto. O Estado é o primeiro interlocutor para isso.

Com isso fica claro que a república mundial exigida por Höffe deve ser federal e não incorrer num Estado mundial homogêneo. Por isso ele destaca também o significado dos assim chamados níveis intermediários, como unidades políticas necessárias para, através destas, poder regrar adequadamente questões que dizem respeito apenas a continentes particulares (por exemplo, a Europa) e, com isso, corresponder ao direito à diferença. A república mundial também poderia com isso, de modo meramente pragmático, ser dispensada de tarefas desnecessárias.

Höffe quer postular uma ordem jurídica global, construí-la sobre os Estados nacionais e simplesmente nos locais nos quais são exigidas decisões globais instalar uma medida mínima de estruturas democráticas mundiais. Também essa ênfase dos direitos combina muito bem na grade da proposta ética liberal, que assenta especialmente sobre tais regras formais e legitimadas democraticamente da convivência social.

Tal república mundial federativa poderia ser estruturada politicamente de modo análogo à República Federal Alemã. Höffe pensa no estabelecimento de uma representação do povo da comunidade mundial em dois níveis, mais precisamente: a constituição de um Conselho Mundial (como representação dos Estados) e um Parlamento Mundial (como representação dos cidadãos do mundo). A divisão de tarefas para ambas as câmaras é resultante dos respectivos campos políticos. O Conselho Mundial seria responsável, sobretudo, por questões relativas aos direitos dos povos à paz global, contrariamente ao Parlamento Mundial, que deveria dar conta de questões como a formação social e ecológica da economia mundial. Na escolha do Parlamento Mundial Höffe quer, todavia, abandonar o princípio *one-coutry-one-vote* (um país, um voto) em favor do critério da divisão proporcional à população, com o que ele reforça uma perspectiva cosmopolita sobre a comunidade mundial como um todo.

O fundamento de tal sistema político da república mundial federal Höffe já vê posto na ONU. A ONU compreende-se, deste modo, já como uma ordem de direito e de paz, que se constrói sobre os direitos humanos, e ela também realiza rudimentarmente o princípio da divisão do poder. A Assembleia Geral assume já hoje funções do legislativo, o secretário-geral e o Conselho de Segurança têm traços de um executivo e o Tribunal Internacional e as cortes supremas são o princípio de um poder judiciário.

Diante desta concepção de uma república mundial federativa foram externalizados muitos questionamentos críticos. Apontou-se, por exemplo, para a não governabilidade de tal estrutura política ou para o problema de que para tal república mundial não há uma base jurídica interculturalmente funcionando capaz de coalisão.

Diante da ética da globalização esboçada, outra questão mostra-se como central. Observa Höffe muito pouco o particular e, com isso, as peculiaridades culturais e sociais e, em vez disso, enfatiza com muita força o momento universal? Ele mesmo sempre destaca, na verdade, que as diferenças têm um grande significado no interior da república mundial. Os princípios da subsidiariedade e do federalismo procuram dar conta dessa exigência politicamente. Mas, por fim, tais observações podem apenas atenuar parcialmente os questionamentos, pois, no fundo, as tradições morais e identidades sociais das sociedades particulares são ordenadas posteriormente à unidade universal da república mundial federativa.

Höffe atenta muito pouco, portanto, para as redes entre os diferentes atores e níveis. Em lugar disso, o conceito de república mundial federativa é um modelo derivado de princípios universais e o mundo é conceituado como uma ordem política claramente estruturada. A imagem da república mundial soa, por isso, também facilmente estática e apenas parcialmente adequada à complexidade e à dinâmica das relações globais. Tanto a pluridimensionalidade da dinâmica global como as possibilidades de formas alternativas de condução política (por exemplo, a condução da sociedade civil) são dotadas de pouca força por Höffe.

Ainda que Höffe reiteradamente se volte de modo claro e convincente contra um Estado mundial unitário, permanece o questionamento crítico a ele, que o filósofo norte-americano Stephen Toulmin (1922-) assim formulou (1991): na ideia de um Estado mundial (ainda que enfraquecida) aparece, segundo sua concepção, a típica forma de pensar dos modernos. Essa forma de pensar busca por estruturas muito estáveis para a sociedade (ainda mais para a sociedade mundial) de modo análogo à imagem funcional e claramente estruturada dos sistemas dos planetas. Como tais formas não fariam jus à realidade relacional global, Toulmin rejeita o projeto de um Estado mundial. O mesmo vale plenamente também para a ideia de uma república mundial.

Teoria sistêmica e Marx sobre a política mundial

A descrição teórico-sistêmica da globalização enfatiza o fechamento e a autorreferencialidade dos sistemas mundiais. Isso tem como consequência que uma influência objetivada dos sistemas é possível apenas de modo condicionado. Os sistemas escapam a um controle externo. Por isso Luhmann era muito cético com relação a qualquer controle político.

Diante disso, os teóricos sistêmicos tendem hoje a abandonar esse forte ceticismo relativo ao controle e a assumir uma nova conceitualização da política no curso das proposições teóricas. A política, conforme a argumentação já exposta, necessita se colocar na dinâmica da sociedade funcionalmente diferenciada e se adaptar a esta se ela quer permanecer capaz de ação. Política é aí não mais uma instância superior de controle, mas apenas mais um sistema mundial entre muitos outros.

Se a política leva essa compreensão a sério, ela pode, todavia, dar forma plenamente ao contexto dos sistemas. A influência dos contextos leva indiretamente a um autocontrole, pois os subsistemas reagem a essa modificação na medida em que eles adaptam sua comunicação aos contextos modificados. Por essa razão, a tarefa central de uma política voltada para o conceito de controle do contexto é vista por Willke em estimular renovada e continuamente a capacidade de reflexão dos subsistemas. Por meio da reflexão sobre o próprio contexto, as condições externas de sobrevivência são integradas na própria lógica do sistema, e com isso é subsidiado um autocontrole, no sentido de uma autolimitação, isto é, uma civilização dos sistemas-função. Nesta perspectiva, a política mundial tem a incumbência de estimular os sistemas mundiais a observar suas próprias condições, em relação tanto a seus contextos sociomundiais como a seus efeitos recíprocos em relação a outros sistemas, e a integrar essas observações no próprio sistema da comunicação.

Exemplo paradigmático para uma relação global, respectivamente de autocontrole, é a Organização Mundial do Comércio, por exemplo, em seus processos de mediação de conflitos. Conflitos nos negócios pertencem desde sempre ao cotidiano político do comércio mundial. Por isso foi criada dentro da World Trade Organization (Organização Mundial do Comércio) um processo próprio para a solução de conflitos. Os países podem aqui denunciar-se mutuamente num processo em vários níveis. Quando o posto responsável pela resolução dos conflitos chega ao resultado de que as acusações são procedentes, podem ser adotadas medidas de repreensão na forma de penalizações fiscais. Com isso também a punição é convertida numa lógica econômica. Com esse instrumento — conforme a interpretação sistêmica — é reconhecida a dinâmica própria da economia mundial na questão sobre o controle político. Uma política econômica mundial indireta, assim compreendida, promete, além disso, o maior êxito na civilização da economia mundial.

Já no primeiro momento da descrição da globalização mostrara-se surpreendente a ligação entre a teoria sistêmica e a reflexão sobre globalização inspirada em Marx. Tal proximidade se encontra também numa comparação dos modelos geopolíticos. Desai, já anteriormente citado, lê Marx, por exemplo, menos como um defensor do controle e da regulação da economia (e, com isso, não como um teórico da revolução). Marx não queria, assim entende Desai, forçar o capitalismo a colocar um colete de economia planejada. Ao contrário, ele percebeu a dinâmica global do capitalismo e, por isso, também destacou o caráter irrefreável do livre comércio mundial e a dinâmica do capital global.

A compreensão de política mundial subjacente a essa interpretação de Marx visa, sobretudo, ao caráter autorregulador da sociedade mundial. A concorrência no mercado econômico pode e deve minimamente ser controlada — esta é a conclusão que Desai extrai da análise do capitalismo global de Marx. Uma estratégia político-econômica que pretende controlar essa dinâmica num sentido técnico ignora a dinâmica própria do capitalismo, pois enquanto o lucro puder ser produzido o sistema capitalista poderá se manter. A exigência de uma liberalização duradoura do comércio mundial é a consequência conclusiva. Politicamente é também para ele a OMC o exemplo demonstrativo de uma instituição que se coloca na dinâmica orgânica do capitalismo global e objetiva a autorregulação.

É evidente que com isso a sugestão teórico-sistêmica e aquela inspirada por Marx para a conceitualização da política mundial sejam muito parecidas. Ambas assentam sobre autorregulação e condução do contexto e querem fazer recuar a política estatal nacional. Nesta avaliação é seguramente correto que, com base na complexidade de redes sociais mundiais, mecanismos de controle hierárquicos simples se deparam com limites. A política mundial deverá levar a sério, no futuro, a autonomia e a autorresponsabilidade dos sistemas individualmente considerados. Um objetivo aí é a formação de condições gerais e a subvenção ao engajamento autorresponsável. Todavia, em oposição às abordagens éticas liberais, a justiça e o direito representam um papel deveras secundário nas propostas teórico-sistêmicas. A ética é basicamente interpretada apenas como um sistema fechado, com o qual o significado de decisões normativas no conjunto é muito pouco calculado.

Além disso, tanto nos teóricos sistêmicos quanto nas propostas inspiradas em Marx, permanece frequentemente obscuro o que exatamente é pensado com autorregulação e controle do contexto. Ademais, não está necessariamente dito que com isso devem ser esperadas melhores consequências. Enquanto no modelo da república mundial foi criticado por assentar de modo muito forte sobre o direito, aqui se poderia objetar que o direito e o Estado são deixados de lado. A interpretação da OMC como exemplo demonstrativo da economia autorreguladora ignora, por exemplo, que também essa organização é dirigida fortemente por interesses nacionais e, de resto, nem sempre funciona bem, o que mais adiante deverá ser discutido detalhadamente. Além disso, quando a solução de um problema mediante uma autocondução dos subsistemas no plano global não pode ser encontrada em um espaço de tempo adequado, uma intervenção política direta parece, a partir de considerações normativas, plenamente razoável e legítima.

Global governance — governar o mundo sem governo

Os modelos de política mundial esboçados até aqui formam três polos centrais do debate sobre opções geopolíticas. No final do primeiro está a sugestão de compreender o Estado como ator primário na luta de poderes internacional. Todo Estado procura aí extrair o melhor para si — assim se poderia resumir a intenção básica do realismo político. No final do outro está a ideia de um Estado mundial. Como no discurso atual a ideia de um Estado homogêneo é apenas raramente defendida, este modelo foi esboçado por meio de uma versão enfraquecida de uma república mundial federativa. Esta é construída, na verdade, sobre o Estado, mas quer conseguir para os problemas globais daí decorrentes uma edificação de instituições democráticas e baseadas no direito. O terceiro modelo, a política mundial inspirada na teoria sistêmica e em Marx, vê as possibilidades do Estado, diante disso, como muito limitadas. Por esse motivo, a política pode apenas exercer o controle do contexto e a autorregulação, devendo simplesmente procurar formar contextos globais por via indireta.

O quarto modelo que deve ser discutido apresenta-se como ponto central do triângulo aberto por essas três posições. Ele é construído sobre a descrição de globalização como rede. Esse modelo de política mundial é caracterizado no âmbito científico como *global governance*.

O conceito de *global governance* na língua alemã é, todavia, bem outra coisa do que simples de traduzir, porque não há uma palavra adequada para isso na língua alemã. A questão sobre o que significa *global governance* é, assim, frequentemente respondida de modo negativo. Tal termo não pode ser circunscrito nem como governo do mundo, nem como ordem política mundial. O governo do mundo pressuporia uma unidade do mundo, mas esta é rejeitada porque o mundo não é uma unidade social que poderia ser a base para tal Estado mundial. O conceito de ordenação política mundial poderia, de novo, ser equiparado a conceitos políticos hegemônicos (isto é, realistas), o que igualmente não é a intenção da *global governance*.

Governance quer dizer fundamentalmente menos uma condução direta dos processos sociais por intermédio de uma instituição política análoga ao Estado, mas visa muito mais a um complexo sistema de influência e de regras que se constitui a partir do jogo plural conjunto de atores diferentes. Por isso também não se fala de ação governamental, mas de controle ou influência. Com isso cristaliza-se agora indiretamente uma definição positiva da *global governance*: "*Governance* é a totalidade dos numerosos caminhos nos quais os indivíduos, bem como instituições privadas e públicas regram suas questões comuns. Trata-se de um processo contínuo através do qual controvérsias ou interesses diferentes são nivelados e o agir cooperativo pode ser iniciado [...] Um processo de decisão global eficaz necessita, portanto, ser construído sobre decisões tomadas nos níveis local, nacional e regional e influenciar estas, por sua vez; necessita igualmente recorrer às capacidades e aos recursos de muitos homens e instituições em diversos níveis" (Comission on Global Governan-

CE, STIFTUNG ENTWICKLUNG UND FRIEDEN 1995, p. 4). Por isso, o processo de unificação europeia das últimas décadas é exatamente um bom exemplo para formas bem-sucedidas da *global governance*, assim como as muitas conferências das Nações Unidas sobre temas bem diferentes.

No vocabulário de James Rosenau, *global governance* quer dizer uma influência de muitas esferas de autoridade sobre níveis diferentes e mostra-se em conceitos de governo que se constroem sobre o controle político em forma de rede. *Global governance* é como uma fita de Möbius, que consiste em formas de mecanismos políticos diferentes encaixadas uma na outra.

Portanto, a *Global governance* implica, assim como a variante sistêmica de política mundial, uma despedida de formas políticas hierárquicas. Por isso o discurso é sobre *governance* e não sobre *government*. Governar o mundo sem um governo (tradicional) — este é o objetivo visualizado. A *Global governance* caracteriza-se por tentativas de regulamentação nas quais atores estatais e não estatais cooperam do nível local ao nível global e pelas quais se desenvolve um entrelaçamento de relações de diferentes controles que visam a uma solução de problemas globais. Política mundial pode ser, portanto, entendida apenas como um sistema de muitos níveis sob a consideração especial de atores e mecanismos informais. A *Global governance* não é um projeto que será encetado apenas por Estados ou que caminha para um Estado mundial.

Formulada em termos morais, a *global governance* é uma mescla de proposições das éticas comunitaristas e liberais. De um lado, é preconizada a ênfase sobre as diferenças (culturais) por parte dos comunitaristas, por outro a ideia de justiça global é integrada no modelo de política mundial por parte das propostas liberais. Por isso encontram-se em muitas propostas da *global governance* também indicações de autores como Michael Walzer e Jürgen Habermas.

A *global governance* foi fortemente criticada em especial com relação à sua compreensão de controle. Na medida em que *government* é substituído por *governance*, o agir político perde sua legitimação, que é caracterizada por divisão de poder e controle democrático. Estruturas de poder são ignoradas e é favorecida uma estruturação puramente econômica da sociedade mundial. Além disso, a *global governance*, com seu acento na cooperação em redes e sua cegueira para questões de poder, contribui para a sedimentação de desequilíbrios globais. Outro aspecto problemático é que as propostas da *global governance* acentuam de modo exagerado o significado de sociedade civil.

A diferença entre os críticos e os defensores da *global governance* consiste em que os críticos partem fortemente de uma compreensão tradicional do poder, apoiada em Max Weber (1864-1920). Poder é aqui compreendido como característica de uma pessoa, um grupo ou uma instituição de conseguir efetivar a própria vontade também ante a resistência. A *global governance*, ao contrário, destaca que poder não pode ser interpretado como uma característica de um ator ou sistema, mas como um entrelaçamento de dependências que reside em todo o agir político. Um entendimento estrutural concebe poder, portanto, como uma realidade de relações dinâmicas entre os homens.

Tal compreensão do poder está direcionada normativamente para cooperação. O poder estrutural, que se mostra no modelo de *global governance*, esquiva-se da autoridade, quer evitá-la e estruturar a política mundial mediante a cooperação. Esta forma de *governance* é, nas palavras de Ernst-Otto Czempiel (1927-) — um dos pais espirituais do modelo *global governance* —, "muito flexível, adaptável e, por isso, muito exitosa. [...] No domínio da *governance* se manifesta o poder pós-moderno simplesmente" (1999, p. 96).

A *Global governance* privilegia, portanto, um conceito de poder estrutural. Essa forma de compreender o poder parece também perpassar o conceito de Hannh Arendt (1906-1975), que via o poder de uma sociedade em se decidir conjuntamente e enfrentar de modo cooperativo os problemas diante dos quais se encontra. Dirk Messner transferiu tal compreensão do poder de modo muito apropriado para a questão da política mundial. Segundo sua perspectiva, no século XXI, poder baseia-se "não mais no domínio de grandes territórios e apenas secundariamente sobre ameaça de violência ou no nível do Estado militar, mas primariamente sobre a competência estratégica, organizatória, baseada no conhecimento e voltada para a solução comum de problemas, de conduzir interações complexas, organizar cooperações e, por meio da formação de estruturas, (co)edificar a direção da transformação ativamente e orientada para um fim" (MESSNER 2001, p. 29).

Duas coisas devem ser aqui esclarecidas: (a) a defesa de poder estrutural não significa uma renúncia ao poder democraticamente legitimado e assegurado pelo direito. Lá onde é possível estabelecer instituições democráticas ou fortalecer iniciativas (populares) jurídicas, isso é também ordenado pela *global governance*. Mas a globalização não pode ser estruturada exclusivamente sobre esse caminho. Com isso é recusado também um globalismo que se assenta fortemente sobre uma unidade do mundo e quer estender instrumentos políticos estatais nacionais para o plano global. (b) Que este poder estrutural seja sempre frágil e ameaçado, isso os próprios modelos da *global governance* enfatizam de modo muito claro. Os esforços hegemônicos atuais dos Estados Unidos já atenuam seguramente estruturas multilaterais existentes e são, com isso, um ataque aos objetivos políticos da *global governance.* Teóricos da *global governance* enfatizam diante de tais desenvolvimentos, todavia, que contraestratégias não podem recorrer ao mesmo conceito de poder com o qual operam atores orientados para a hegemonia. Responder ao realismo político com o realismo político não é nem justificável eticamente, nem um modo efetivo de resolver problemas globais. Em lugar disso, os potenciais de uma política da cooperação devem ser destacados.

Chances e limites do direito

Nos quatro modelos apresentados de política mundial, sempre esteve já implicitamente contida uma questão: em que medida pode o direito, que na tradição do Estado nacional organizado democraticamente representa um papel tão importante, assumir no plano global um papel de condução efetiva? Quais são as chances, quais os limites de um direito mundial como forma de implantação da política mundial? Neste capítulo sobre os modelos políticos mundiais, ainda está faltando uma resposta sistemática a esta questão transversal.

Aqui é novamente de grande valia um primeiro olhar para Kant no intuito de um esclarecimento conceitual. Nos artigos definitivos do escrito *À paz perpétua* ele diferencia (como já visto) o direito do Estado, o direito dos povos e o direito cosmopolita. Enquanto o direito civil de Estado concerne ao regramento jurídico da convivência no interior do Estado, o direito dos povos e o direito cosmopolita se relacionam decididamente ao plano global. O direito dos povos regra a relação dos povos, isto é, dos Estados entre si. O direito cosmopolita quer, ao contrário, olhar para a comunidade mundial como um todo e tematiza os direitos que são conferidos aos homens como cidadãos do mundo, independentemente de sua pertença a Estados.

Historicamente considerado, o direito dos povos, enquanto sistema de regramento entre os Estados, isto é, formas semelhantes ao Estado, representa certamente um papel mais importante do que o direito cosmopolita. Os Estados iniciaram já muito cedo na história da humanidade a ordenar sua convivência por meio de contratos jurídicos. Assim, já no século XV a.C. desenvolveram-se, entre as grandes potências Egito, Babilônia, Assíria e o Reino hitita, contratos complexos análogos ao direito dos povos para o trânsito e para o mercado. Semelhantes pactos havia entre as cidades-estado gregas.

Todavia, em perspectiva sistemática, as origens do direito dos povos hodierno como sistema de regramento dos Estados modernos encontram-se, sobretudo, no século XVI e na primeira fase do século XVII. Do ponto de vista da história das ideias, é especialmente importante aí também a dissolução de um direito natural fundamentado religiosamente por meio de um positivismo jurídico moderno. Desse modo, no século XVI, ante o panorama do pensamento da Renascença e sua ênfase no indivíduo autônomo, teve início um processo de fundamentação de um direito (natural) universalmente válido, sem o recurso a um modelo de fundamentação teológica. Francisco de Vitória (1483-1546) admitiu, por exemplo, nos confrontos em torno de uma política adequada relativamente à nova região encontrada na América Latina, direitos iguais aos espanhóis à nobreza indígena, e forneceu com isso uma ampliação prática concreta do pensamento jusnaturalista. Autores como Francisco de Suárez (1548-1617) ou Hugo Grotius (1583-1645) deram novo impulso a esse desenvolvimento de modo decisivo. Eles prepararam o caminho para uma compreensão positivista do direito dos povos, que cada vez menos pergunta por um objetivo normativo superior, mas fundamenta a validade de normas unicamente através de seu estabelecimento positivo e sua função social.

O desenvolvimento do direito dos povos no decorrer dos séculos XIX e XX não é apenas uma história de sucesso. Sucessivamente alternam-se fases nas quais os Estados entram em cooperação jurídica uns com os outros com longas fases nas quais acontecimentos violentos e contrários à lei estiveram na ordem do dia. Desse modo, a Revolução Francesa, que visava em última instância a uma ordem social baseada na lei, com os princípios fundamentais de igualdade, liberdade e fraternidade, foi enterrada através das guerras europeias. A fixação sobre o Estado como ator político ligada a essas guerras igualmente não contribuiu para um fortalecimento especial do direito dos povos.

Na verdade, surgem então na fase de transição do século XIX para o século XX as primeiras instituições globais reconhecidas pelos direitos dos povos, por exemplo a Cruz Vermelha (1864) e a União Postal Universal (1874); e em conferências como a Conferência da Paz de Den Haag (1899/1907) buscava-se o estabelecimento de uma solução pacífica para casos conflituosos internacionais. Todavia, na prática política nenhuma vontade decidida de regrar juridicamente conflitos internacionais se manifestou concretamente. A Primeira Guerra Mundial representou, por isso, de certo modo, o ponto final provisório dos esforços relacionados ao direito dos povos.

O período após 1918 pode, ao contrário, ser interpretado como uma procura renovada por mecanismos de solução de conflito e, com isso, como renovação dos esforços em torno do direito dos povos. Especialmente por meio da fundação da Liga das Nações (1919/20) foram sedimentadas institucionalmente estruturas para tais direitos. A Liga das Nações — assim é a descrição no preâmbulo — entendia-se como uma instituição "para o fomento do trabalho em conjunto entre as nações, para a garantia da paz internacional e para a segurança internacional". Também a proibição do emprego da violência exigida por Kant foi, então, assegurada juridicamente. Na fundação do Tribunal Internacional independente em Den Haag (1922) vem à tona esse fortalecimento do direito dos povos. Não obstante, esse sistema de direitos internacional era ainda tão frágil e instável que nada pôde fazer contra o fascismo e o nacional-socialismo.

Após a Segunda Guerra Mundial a comunidade dos Estados tentou mais uma vez, com as Nações Unidas, institucionalizar o direito dos povos. Os princípios fundamentais da integridade territorial e da independência política dos Estados, assim como o objetivo de uma resolução pacífica de conflitos e uma proibição de intervenção nas questões internas dos Estados são pilares fundamentais da compreensão de direito dos povos desta época. A formação de blocos e a Guerra Fria impediram, todavia, novamente um fortalecimento abrangente do direito dos povos. Ao contrário, ambas provocaram novos conflitos e enfraqueceu-se, outra vez e de um novo modo, o direito dos povos.

Após a queda do muro [de Berlim] a comunidade mundial estava e está de novo diante da tarefa de procurar caminhos jurídicos para a ordenação de desenvolvimentos globais. Os modelos políticos globais esboçados acentuam aí diferentes aspectos: o realismo político baseia-se, sobretudo, no direito civil e mantém-se firme ao mandamento da soberania. Na verdade, inovações relacionadas ao direito dos povos podem ser razoáveis, dependendo do caso. Mas o Estado nacional deveria ser sempre muito cuidadoso e minimalista na concessão de competências jurídicas em uma instância internacional.

O modelo da república mundial, ao contrário, concentra os esforços na ampliação e no fortalecimento do direito dos povos. Este modelo visa a uma base jurídica análoga ao modelo de Estado nacional. Por meio do direito, princípios políticos devem ser juridicamente transpostos para o plano global e podem ser assegurados. A exigência de uma divisão global do poder e um sistema do direito global diferenciado é a conclusão lógica desse modelo.

Diante de tal ampliação do direito nacional para o plano global, os outros modelos se posicionam muito mais de modo cético. Tanto as concepções de política mundial inspiradas na teoria sistêmica e por Marx quanto o modelo da *global governance* defendem, ao contrário, uma forma mista de diferentes mecanismos de controle. Lá onde é possível estabelecer o controle jurídico (também nas formas tradicionais) e construir instituições estáveis isso é razoável e importante. Mas um sistema do direito unitário para todo o plano global, análogo à organização do Estado, não pode e não deve ser o objetivo na perspectiva desse modelo.

Willke argumenta exemplarmente que da falha do controle jurídico em todo o país a conclusão a ser extraída é que o direito global só pode executar seu serviço de controle quando ele recebe e atenta para as lógicas próprias e autonomias dos sistemas e atores. Se o direito global pretende dar conta dessa pretensão, ele necessita se diferenciar, e com isso ele mesmo se torna necessariamente homogêneo. O objetivo do direito global é, então, não mais estabelecer uma ordem, mas tratar de modo competente as desordens, argumenta Wilke.

Justamente a pluralidade de controle jurídico no plano global parece ser uma vantagem no trato com a heterogeneidade global. O filósofo Georg Lohmann (1948-) trouxe essa vantagem à tona: "O direito global é [...] fortemente episódico, menos estável e normativamente unificado do que o direito clássico intraestatal, mas para isso ele tem as vantagens de maior flexibilidade, rapidez de reação e, relativamente aos custos, maior eficiência, e recomenda-se portanto à busca racional dos interesses dos atores" (2002, p. 57). A partir da perspectiva da descrição apresentada da globalização como rede e da reflexão moral sobre a globalização, tal compreensão do direito no nível global é bastante convincente.

Uma unificação forte do direito no plano global, análoga ao modelo de Estado nacional, é, meramente por razões pragmáticas, demasiado difícil e pouco apropriada para tratar a heterogeneidade global. Também permanece questionável se, acima de tudo, diferentes sistemas jurídicos podem ser unificados, como os representantes de um Estado mundial têm em vista. Um olhar para a União Europeia permite aqui uma reflexão. Também a discussão ao longo de anos entre a *common law* e a *civil law* são um indício para isso. Uma fusão global da *common law*, válida em muitos países de língua inglesa, que se apoia menos sobre leis e mais sobre sentenças judiciais do passado, com a tradição continental europeia do direito codificado, apresenta para os juristas e políticos um grande desafio. Tudo isso aponta para tensões fundamentais entre os sistemas do direito, que mais impedem do que servem para uma unificação global. No sentido da defesa do particular, também tais diferenças são dignas de atenção.

Essas referências não significam, todavia, que os esforços em favor do direito dos povos desde o princípio estejam condenados ao fracasso e, por isso, sequer deveriam ser apoiados. Institucionalizações dos direitos dos povos são formas importantes e necessárias de estabelecer e assegurar normas universais no plano global. Aqui as exigências das propostas éticas liberais, de condições gerais formais e mecanismos jurídicos de controle, são plenamente convincentes e razoáveis. Todavia, esse sistema do direito dos povos necessita corresponder também em sua forma à heterogeneidade e à dinâmica do movimento global se ele deve atuar de modo efetivo e duradouro. O modelo da *global governance* parece aqui mais uma vez convincente, porque, em última instância, confia mais no direito como forma de controle do que a teoria sistêmica ou a política mundial marxiana, sem com isso pretender unificar de modo forte o direito.

A partir da perspectiva da ética da globalização esboçada deve-se chamar a atenção ainda para outro aspecto. Como visto anteriormente, Kant havia tomado em sua sistemática também o direito cosmopolita, no entanto limitou este a um direito de visita dos cidadãos do mundo, concebido de modo muito geral. A ideia subjacente ao direito cosmopolita é, mesmo assim, digna de atenção e de uma enorme importância para a discussão sobre globalização. Pois a ideia de um direito cosmopolita traz à tona que todos os homens, não apenas enquanto pertencentes a um Estado, mas como cidadãos do mundo, formam uma comunidade. Por isso também faz sentido trabalhar na construção de um sistema do direito global que valha para todos os homens enquanto cidadãos do mundo.

Os direitos humanos são hoje seguramente o exemplo mais importante disso. Eles abrangem três gerações. A primeira geração são os direitos civis e políticos do assim denominado pacto civil. Eles circunscrevem, junto com direito de defesa e proteção, a liberdade de opinião e associação, assim como o direito à participação política. A segunda geração abrange direitos econômicos, sociais e culturais, que são formulados no pacto social. Pertencem a estes o direito de alimentação e a um padrão de vida digna, segurança social, trabalho humano digno, cuidado da saúde e educação, assim como a participação na vida cultural. A terceira geração dos direitos humanos abrange pretensões coletivas. A estas pertence, por exemplo, o direito ao desenvolvimento, à paz, a um idioma, assim como o direito a um ambiente natural intacto e a uma participação justa na divisão dos recursos naturais. Somente juntas as três gerações dos direitos humanos formam um contexto estrutural para o direito cosmopolita.

Nesta estrutura dos direitos humanos, dois aspectos ficam evidentes: por um lado os direitos humanos não são uma expressão unitária ou simplesmente universal da ideia de direito cosmopolita, pois eles mesmos são uma imagem complexa e inacabada que, antes de mais nada, se desenvolveram com o passar do tempo até assumir a forma atual. Assim como os direitos humanos no passado foram sempre reelaborados, eles necessitam também no futuro de um constante aperfeiçoamento com relação aos novos desafios sociais. Por outro lado, justamente na relação entre a primeira e a terceira geração é que aparece com clareza a relação de tensão entre particularismo e universalismo. Direitos humanos são a tentativa de fortalecer um universalismo global, no qual necessita permanecer sempre sob consideração, ao mesmo tempo, sua transposição cultural em instituições locais e o padrão de comportamento do homem. A realização concreta dos direitos humanos é também, por isso, sempre dependente do discurso social. Direitos humanos devem ser renovadamente pronunciados no plural.

Resumo: qual modelo de política mundial é convincente?

As considerações sobre os diferentes modelos de política mundial aproximam a conclusão de que o modelo *global governance* não apenas poderia ter as melhores perspectivas de êxito, mas também que esse modelo, por considerações morais, seria aquele que deveria ser favorecido.

Política mundial no sentido da *global governance* tem aí, sobretudo, uma pluralidade entrelaçada de formas diferenciadas de controle ante os olhos. Isso se manifesta também no amplo espectro das exigências políticas concretas: o fortalecimento do direito dos povos é visado exatamente como cooperações regionais (por exemplo na União Europeia) ou incentivo de organizações não governamentais e a cooperação de empresas com a iniciativa pública (assim denominada parceria público-privada). Só com uma mescla de formas diferentes pode ser realizada uma política mundial direcionada para a cooperação. O ceticismo implicado neste conceito ante fantasias políticas onipotentes é um elemento convincente da *global governance*.

Subjacente ao conceito de *global governance*, no fundamento, está uma compreensão de globalização que tem muitas semelhanças com a esboçada compreensão de globalização como rede. O reconhecimento de que a realidade global é uma totalidade relacional implica também a aceitação de que os homens estão sempre relacionados uns com os outros e partes isoladas da humanidade (ou instituições políticas) não podem ser desligadas das outras. Todo agir pode ter efeitos sobre outras partes do conjunto de relações. O modelo *global governance* aceita este ponto de partida e procura torná-lo produtivo para uma estruturação construtiva da política mundial.

Ao mesmo tempo, muitos teóricos da *global governance* compartilham com a visão relacional também uma precaução teórica, que afirma que o mundo global sempre implica também um momento do indisponível. O mundo como conjunto de relações é complexo e dinâmico e não pode ser conhecido completamente ou objetivamente. O mundo globalizado sempre escapa no último instante de um conhecimento absoluto.

Finalmente, a *global governance* implica também um universalismo ético, que se orienta por uma ideia universal (resolução cooperativa de problemas globais) e, ao mesmo tempo, também quer estar atento de modo adequado às diferenças da sociedade mundial. *Global governance* como conceito político procura por novos métodos para a transposição da relação de tensão entre o universalismo e o particularismo ético. Para isso é desenvolvida uma compreensão de política que se coloca contra uma concepção de factibilidade técnica e repousa sobre a pluridimensionalidade dos instrumentos de controle. Com isso se passa filosófica e socialmente do poder à influência. A relação dialética de unidade e diferença e a visão relacional concretizam-se aqui em uma compreensão estrutural do poder. *Global governance* implica eticamente marcas tanto comunitaristas quanto liberais, para o que contrariamente as propostas utilitaristas e relativistas culturais serão rejeitadas como parciais.

Com isso a parte sistemática da filosofia da globalização é concluída. Antes de um panorama sobre as facetas particulares da globalização, cinco filósofos de destaque serão questionados no próximo capítulo sobre o que têm a dizer sobre a globalização.

FILÓSOFOS SOBRE A GLOBALIZAÇÃO 5

Globalização e justiça — John Rawls

Com *Teoria da justiça* (1971) John Rawls apresentou uma das obras mais importantes, talvez até mesmo a mais importante obra da filosofia prática do século XX. Sua questão fundamental é muito simples: como devem parecer as instituições de uma sociedade justa e quais argumentos podem ser arrolados para isso?. Rawls desenvolve com isso uma argumentação em favor de uma ordem social justa. Ele não quer saber tanto o que é uma ação justa ou por meio de que se caracteriza um homem justo. O primeiro objeto da justiça é a estrutura fundamental da sociedade como tal. Justiça é — como ele mesmo diz — a primeira virtude das instituições sociais. Nisso ele não quer pressupor de modo algum uma moral, religião ou cosmovisão unitária, mas oferecer tanto quanto possível uma fundamentação filosófica geral de uma ordem social justa.

Para fundamentar o que caracteriza uma sociedade justa, Rawls propõe um experimento mental: apoiando-se na tradição das teorias contratualistas e com lentes kantianas, ele pergunta por qual ordem social os homens escolheriam numa posição original fictícia. Conforme sua interpretação, os homens têm na posição original, de um lado, uma representação individual de seus próprios projetos de vida e querem realizá-los da melhor forma possível. Os homens são de certo modo egoístas, pois na divisão dos bens fundamentais cada um prefere ter mais do que menos. Por outro lado, todos os homens têm também um interesse em se decidir, como homens livres, pela melhor ordem social possível.

Para garantir um procedimento o mais justo possível na divisão de bens e direitos no interior de uma sociedade, Rawls admite que os homens na posição original não têm conhecimento de disposições e capacidades pessoais, circunstâncias externas, posições sociais ou faixa etária. Eles estão sob um "véu de ignorância" nesta posição original e nada sabem sobre sua situação social inicial. Em um processo de ponderação, os homens sob o véu de ignorância iriam considerar quais princípios gerais eles iriam aceitar, para realizar da melhor maneira possível tanto seus projetos de vida quanto uma sociedade justa.

No final desse processo os homens chegariam a um acordo sobre dois princípios de justiça. O primeiro princípio fundamental afirma que as liberdades fundamentais são o ponto mais importante pelos quais os homens se decidiriam a partir de considerações racionais. Todos os homens optariam pelo sistema mais abrangente de liberdades fundamentais — assim evidencia o primeiro princípio fundamental. O segundo princípio fundamental regraria a divisão, isto é, o acesso aos bens fundamentais materiais e sociais. Desigualdades sociais e econômicas seriam então permitidas se, em primeiro lugar, fosse preservada uma justa igualdade de oportunidades, isto é, instâncias e posições sociais estariam todas abertas e, segundo, as diferenças daqueles que são menos favorecidos viriam ao encontro do bem da maioria. Com o segundo aspecto Rawls se diferencia claramente das posições utilitaristas que elegem a maximização da utilidade sem perguntar a quem seriam benéficas as vantagens. Com isso, Rawls focaliza a justiça distributiva.

Rawls apresenta, com sua teoria da justiça, simplesmente a proposição ética liberal do século XX. Ela possibilita, em última instância, uma fundamentação ética do estado de direito social democrático, pois o sistema das mais amplas liberdades possíveis e do princípio da distribuição dos bens fundamentais levam, quando considerados politicamente, em última instância a um modelo democrático socioestatal.

Com relação a uma filosofia da globalização, parece que com essas considerações nada foi dito ainda sobre uma estruturação justa da sociedade mundial. O próprio Rawls viu esse problema e por isso sugeriu, nos últimos dez anos de sua elaboração, como a teoria da justiça, que primeiramente era pensada para uma sociedade constituída pelo Estado nacional, pode ser globalizada. Um significado especial atribui-se aqui ao seu escrito *O direito dos povos*, de 1999.

No entanto, quem espera que com isso Rawls fosse apresentar uma teoria da justiça global claramente estruturada de modo análogo às suas considerações sobre justiça nas sociedades constituídas pelo Estado nacional vai ficar decepcionado. Isso pode impressionar num primeiro momento, pois se poderia imaginar simplesmente a ampliação da teoria da justiça, inclusive seu processo de fundamentação, em nível global. Não poderiam todos os homens, no mundo inteiro, ser compreendidos como participantes de uma posição original global que se unem com base em princípios para uma configuração das instituições globais?

Rawls pensa que não. Ele desenvolve, pelo contrário, um processo dividido em duas etapas: primeiro, toda sociedade procura estabelecer para si princípios e regras justos de acordo com a teoria da justiça. Depois disso os representantes dessas sociedades buscam regrar sua interação uns com os outros. Rawls permanece, assim, na esteira do pensamento kantiano e conceitualiza a questão acerca da justiça, sobretudo, como uma questão da relação de sociedades e menos como questão da sociedade mundial como um todo.

Todavia, fica claro, com isso, que Rawls fala de povos (*peoples*) e não de Estados. Assim ele quer se distanciar, em última instância, de um realismo político que, como visto, vê no Estado o único ator, que em caso de necessidade defende seu interesse com o uso da força. Os Estados incorporam frequentemente, por meio disso, pretensões exageradas de soberania que não raro obstaculizam a paz. Para se distinguir de tal posição Rawls fala de povos, o que ele coloca no centro do processo de negociações globais sobre justiça. É necessário, no entanto, manter a posição de que, no fundo, são naturalmente pensados aí, os Estados.

Rawls diferencia cinco tipos de ordem social no plano global: (1) povos liberais razoáveis; (2) povos decentes, que na verdade consideram os direitos humanos mas, em última instância, estabelecem formas não liberais de democracia; (3) "regimes fora da lei", que desprezam os direitos humanos e as determinações jurídicas dos povos; (4) sociedades prejudicadas por circunstâncias desfavoráveis (como, por exemplo, *know-how* deficitário ou governos políticos instáveis) e (5) sociedades absolutistas.

Para a questão acerca de uma relação justa dos povos entre si, Rawls argumenta em favor de uma consideração na posição original em dois níveis, em que no primeiro serão incluídos claramente menos povos do que no segundo. Na primeira posição original são relacionados apenas os povos liberais plenamente ordenados, porém na leitura de Rawls não fica evidente quem decide sobre quem pertence a este grupo e quem não pertence. Correspondentemente a um discernimento razoável, os povos liberais se uniriam pelo reconhecimento dos princípios de justiça demonstrados e pelo estabelecimento de uma esfera jurídica dos povos para a garantia desses princípios. O ponto de referência para isso seriam menos os indivíduos isolados do que os povos como um todo. Os interesses racionais próprios dos povos são, de acordo com Rawls, sua independência política, a proteção da própria cultura política, sua integridade territorial e o bem-estar de seus cidadãos.

No segundo nível da posição original se uniriam então os povos liberais e os povos decentes, uns com os outros, sobre regras globais. Em última instância, também esse processo de unificação passa por um respeito comum do direito dos povos, pois tal formação de processos globais é vantajosa para ambas as partes. Todavia, a diferença em relação à primeira posição é fundamentada, sobretudo, no fato de que povos liberais são mais desafiados ainda a respeitar a autonomia de outros povos. A partir de considerações racionais de justiça eles optariam por uma tolerância dos povos respeitáveis e seus modelos políticos.

Povos liberais e povos decentes realizariam a justiça politicamente, então, por meio de regras civis jurídicas, porque uma cooperação assegurada desse modo é vantajosa para todos os participantes. Da perspectiva do conteúdo, o pilar fundamental do direito dos povos, em torno do qual os povos se uniriam nesse discernimento da posição original em dois níveis, são, entre outros, o reconhecimento da liberdade e da independência dos povos, o dever de cumprir os contratos, o dever de não intervenção, o direito de autodefesa, o dever de reconhecer os direitos humanos ou o dever de ajudar os povos que vivem em situação de condições desfavoráveis que impedem uma ordem social e política justa ou respeitável.

Com isso encontram-se novamente em Rawls, em essência, os princípios fundamentais das Nações Unidas. Entretanto, ele opera uma transformação na medida em que relativiza a proibição de intervenção diante de regimes sem leis e criminosos, que não respeitam os direitos humanos. Tais regimes deveriam ser penalizados por sua conduta. A guerra é aqui permitida, de um modo limitado, como guerra justa. Para a defesa de instituições liberais democráticas e da pluralidade de formas de vida pode ser necessário o emprego de meios militares. Rawls limita, no entanto, que as guerras para o aumento do bem-estar ou a aquisição de recursos naturais não são legítimas, porque se o fossem o próprio povo liberal se converteria, em última instância, num regime ilegal.

O objetivo de Rawls reside fundamentalmente na tradição kantiana. Trata-se para ele de um estabelecimento, isto é, do fortalecimento do direito dos povos no sentido de uma cooperação jurídica de povos soberanos. A meta é uma convivência pacífica dos povos por meio do asseguramento de regras reconhecidas como justas. Isso corresponde, por fim, a um contrato de paz global entre os povos, estabelecido por todos os participantes a partir de fundamentos racionais. Justiça através do direito é, de certo modo, o lema da argumentação de Rawls. Os povos são o ponto de referência primário. Sua posição fica por isso entre o realismo político e o modelo de um Estado federativo mundial.

A constelação pós-nacional — Jürgen Habermas

A obra filosófica de Jürgen Habermas influenciou decisivamente as ciências humanas e certamente também o debate público na Alemanha ao longo das últimas quatro décadas. Como pensador do todo social, não admira que ele há anos venha se ocupando cada vez mais com o fenômeno da globalização. Os volumes sobre *A constelação pós-nacional* (1998) e *O ocidente dividido* (2004) são pontos de cristalização de sua reflexão sobre globalização. Também essas considerações, como o conjunto de sua obra filosófica, estão sob um foco esclarecido: ele gostaria de fomentar a emancipação e a democracia, mobilizar as pessoas para a participação nos processos sociais e contribuir para um maior entendimento.

Sua ideia filosófica fundamental assenta sobre a situação cotidiana do diálogo. Ele constata que homens não podem *não* dialogar uns com os outros. No diálogo os homens procuram de diferentes modos o entendimento. Eles querem que se os escute, que se tome seus pronunciamentos a sério e que seu oponente também o considere em sua própria ação. A verdade, nesta perspectiva, não é dada de antemão, mas pode valer como verdadeiro aquilo em torno do qual os homens se unem num diálogo comum. Habermas desenvolve com isso uma teoria consensual da verdade. Ele transfere esta visão filosófica de conhecimento e de linguagem para a questão da interpretação do social, paradigmaticamente em *Teoria da ação comunicativa* (1981).

Considerada sociologicamente, a base dessa teoria é um conceito de sociedade dividido em três partes, que diferencia mundo da vida, esfera pública e sistema. O mundo da vida estabelece as formas do entendimento humano. Nos contextos cotidianos do mundo da vida as pessoas agem intuitivamente e procuram por entendimentos. A esfera pública, por sua vez, tem a tarefa de tomar as situações problemáticas que surgem no mundo da vida, fomentá-las no espaço público intensamente e exercer pressão sobre o sistema político. Em parte, formam-se para isso também organizações como igrejas, associações de lazer e esporte ou iniciativas dos cidadãos. O âmbito do sistema leva em conta que os homens também agem estrategicamente, isto é, perseguem um determinado objetivo funcionalmente. Por isso formam-se, em sociedades diferenciadas, sistemas como a economia ou a política. Em oposição à teoria sistêmica, em Habermas os sistemas não são fechados, mas estão em relação dinâmica reciprocamente entre si e com a esfera pública.

O que isso significa então para o âmbito da ética? Em suas reflexões sobre ética, Habermas chega à conclusão de que não pode haver normas absolutas independentemente dos homens, como filósofos antigos frequentemente pensavam. Todavia, não é por isso que normas sejam completamente relativas mas, com relação à experiência fundamental do falar, os homens sabem que normas com as quais todos concordam podem ser reconhecidas como legitimadas. O princípio fundamental da ética do discurso de Habermas indica que apenas as normas que encontram a concordância de todos os envolvidos no discurso podem pretender validade.

Subjaz a esta visão a perspectiva de que quem começa a argumentar, desde sempre, já respeita determinadas regras, para trás das quais ele ou ela não pode mais retroceder. Quem discursa deve já aceitar tais regras, do contrário incorre em uma autocontradição. Tais regras do discurso são, por exemplo: nenhuma coerção externa pode impedir o diálogo, o melhor argumento é que tem validade ou cada um deve ter chances iguais para participar da conversa. Para a implementação dessas regras devem ser institucionalizados procedimentos que possibilitem e garantam uma participação possível de todos os envolvidos em deliberações sobre questões normativas controversas.

A ética do discurso de Habermas baseia-se, portanto, na realidade vivida do ser humano. Ela é uma ética formal, pois parte da ideia de que não há normas independentes dos seres humanos ou eternamente existentes. Mas Habermas, bem situado na perspectiva kantiana, naturalmente admite também que os homens se comunicam racionalmente e podem se entender em um discurso (ainda que hipotético). Todavia, essa racionalidade comunicativa — assim enfatiza ele reiteradamente — fundamenta em oposição a Kant ou Rawls uma ética dialógica e não uma ética monológica. Normas para a convivência podem ser apenas fundamentadas a partir do próprio argumentar dialógico e não a partir de uma especulação racional monológica.

Habermas mostrou em muitos de seus escritos como esta perspectiva filosófica poder ser transposta politicamente. "Democracia deliberativa" é a palavra-chave que paira sobre essas considerações. Com isso ele quer, por um lado, se distanciar da posição comunitarista, que para ele leva em conta demasiadamente a tradição de valores compartilhados de uma comunidade e compreende a política distante da realidade aparentemente apenas como autoentendimento normativo. Por outro lado, Habermas se posiciona também contra uma visão meramente liberal, que atenta muito pouco para a dimensão social do cidadão e na qual a política tem em vista aparentemente apenas a proteção, isto é, a imposição dos interesses privados. Segundo a perspectiva de Habermas, os direitos não estão aí apenas para a proteção do cidadão ante o Estado.

Diante disso, a democracia deliberativa quer institucionalizar a formação de opiniões e de vontades por meio da máxima participação dos envolvidos de uma sociedade nas discussões sobre questões críticas da convivência. A esfera pública, que se forma espontânea e criativamente, bem como de modo descentralizado, assegura aí a pluralidade de opiniões. O objetivo de tal procedimento é um consenso realizado comunicativamente. Apenas assim as normas para nossa convivência podem ser legitimadas e os homens ser levados a incluí-las também em seu próprio mundo vivido. Com isso transforma-se, em última instância, também a legitimação de processos democráticos. Democracia significa, conforme Habermas, não apenas que políticos eleitos conduzam processos sociais, mas implica também uma atenção especial à sociedade civil. O processo democrático extrai "sua força legitimadora não mais apenas — nem mesmo em primeira linha — da participação e da manifestação da vontade, mas a partir da acessibilidade geral de um processo deliberativo cuja natureza fundamenta a expectativa de resultados racionalmente aceitáveis. Tal compreensão teórico-discursiva da democracia modifica as exigências teóricas das condições de legitimidade da política democrática" (Habermas 1998, p. 166).

Já antes do 11 de setembro, mas também especialmente depois, Habermas questionou tanto no discurso acadêmico quanto no debate público se e como tais perspectivas podem ser transferidas para o plano global da política mundial. No ensaio guia sobre *A constelação pós-nacional* ele desenvolve de modo paradigmático esta questão. A globalização desafia, segundo sua concepção, especialmente a compreensão tradicional de democracia deliberativa. O Estado territorial, respectivamente o Estado social, dotado de soberania, que antigamente era construído sobre identidades sociais mais ou menos homogêneas, está submetido no presente a grandes transformações: identidades coletivas se desfazem, a segurança jurídica e a efetividade do Estado administrador declina através dos novos riscos; a soberania tradicional do Estado territorial é confrontada com novas aspirações externas e internas. A legitimação democrática do Estado nacional é, com isso, fundamentalmente posta em questão.

De uma perspectiva histórica, houve, na verdade, desde sempre fases de diferenciação com um intercâmbio entre tendências de abertura e fechamento das sociedades. Para Habermas o impulso de liberalização, que acompanha a globalização contemporânea, traz consigo, entretanto, novamente um grande perigo de alienação do próprio mundo da vida. A integração do sistema torna-se sempre mais forte, por exemplo, à medida que o mundo humano cotidiano é progressivamente submetido aos ditames econômicos. Por isso Habermas fala também de um descarrilamento ameaçador das sociedades modernas, porque a base de suas próprias instituições (o entendimento comunicativo) ameaça se tornar quebradiça.

Habermas adverte, além disso, tendo em vista os desenvolvimentos globais, quanto a uma abertura de caminho para o novo estabelecimento do esquema "amigo-inimigo" no plano global, à moda Carl Schmitt, e, com isso, para o perigo do bloqueio de processos comunicativos. Em lugar disso ele quer fomentar uma política interna mundialmente transnacional, que busque legitimações democráticas de decisões além do Estado nacional. Para isso devem ser considerados também no plano global os interesses e argumentos recíprocos dos diferentes atores. Assim, aqui também vale: a política pode ser bem-sucedida somente por meio de argumentos e intercâmbio para uma solução cooperativa dos problemas mundiais com que se depara.

Para a sociedade civil global cabe neste processo um papel especial. Atores da esfera pública mundial podem tornar visíveis no mundo inteiro os problemas humanos e, assim, iniciar um processo comum de discussão sobre sua solução. Todavia, isso é possível apenas enquanto os meios globais não desfiguram a mensagem da sociedade civil através de uma pura lógica econômica e, com isso, implodem seu potencial estruturador. Como caule da linguagem política, as ONGs são uma parte importante do sistema estratificado global, que deve ser fortalecida e protegida.

A história da União Europeia é para Habermas um exemplo demonstrativo de um sistema global estratificado. Após as experiências da guerra a Europa procurou um caminho exemplar de colocar em relação umas com as outras as diferentes opiniões políticas num processo de negociação comum. Surgiram instituições políticas que, correspondendo ao princípio da subsidiariedade, se realizam por meio de vários estratos. Isso conduziu, por fim, também a uma transformação da competência estatal nacional na Europa. As instituições da União Europeia são hoje, complementarmente aos Estados nacionais, uma peça importante para o tratamento de problemas comuns que ultrapassam fronteiras.

A questão política central no plano global é como, também aí, tais processos deliberativos podem ser organizados ou institucionalizados. Para isso — e aqui os argumentos de Habermas seguem de mãos dadas com o modelo *global governance* — é ordenada uma mescla de mecanismos de condução em diferentes planos: o Estado nacional como elemento mais importante das instituições internacionais é enfatizado igualmente por ele como um fortalecimento do direito dos povos e da sociedade civil global. A sociedade mundial politicamente constituída é realisticamente representável apenas como um sistema de vários estratos.

Habermas percebe naturalmente também os problemas que mais bloqueiam tais processos do que os fomentam. O terrorismo global, que se utiliza da vulnerabilidade de sistemas complexos por meio do ataque a alvos simbólicos, representa, por exemplo, um grande desafio para uma política mundial orientada segundo o princípio da democracia deliberativa. O terrorismo é interpretado por Habermas, em última instância, como uma patologia comunicativa, na medida em que ele interrompe a comunicação, fortalece a desconfiança e acelera a espiral da violência. Apesar disso, para Habermas o terrorismo não fala fundamentalmente contra as perspectivas da ética do discurso e da teoria da democracia deliberativa. A coerção terrorista é, na verdade, uma utilização cínica da vulnerabilidade do mundo ocidental que, entre outros motivos, é possibilitada pela falta de correspondentes sistemas de segurança globais jurídicos e econômicos. Mas o terrorismo não contradiz fundamentalmente que, também no plano global, um entendimento discursivo é possível, pois o entendimento discursivo encontra-se para Habermas igualmente em todas as culturas, nas experiências cotidianas do ser humano. Se o modelo discursivo preservou-se no cotidiano ao longo de tanto tempo e em tantas culturas, como ele deveria fracassar no plano intercultural global?

Por essa razão, modelos políticos comunicativos devem ser fomentados no plano global desde a perspectiva da teoria deliberativa. Para Habermas trata-se de que os homens, como cidadãos do mundo ativos, coloquem para si as exigências da dinâmica global. Também por isso é importante para ele prestar atenção não apenas no Estado ou em atores coletivos na concepção da política mundial, mas também nos indivíduos. Esta perspectiva se espelha em sua reflexão do direito cosmopolita kantiano. Kant havia interpretado, com a ideia do direito cosmopolita, os indivíduos como portadores de direitos independentemente de Estados. Todavia, ele havia avaliado muito pouco (como já visto) o potencial do direito cosmopolita e, em lugar disso, atribuiu um peso enorme aos Estados em face dos cidadãos do mundo. Esta opção teórica de Kant é para Habermas de curto alcance, pois a relevância do direito cosmopolita consiste justamente em que o significado do indivíduo cidadão do mundo enquanto tal é fortalecido. A interpretação do mundo globalizado como associação de cidadãos cosmopolitas livres e iguais deveria, por isso, receber maior atenção nas questões contemporâneas da política mundial.

A ironia liberal no contexto global — Richard Rorty

O pensamento de Rorty deve ser localizado ante o pano de fundo histórico e teórico da pós-modernidade. A progressiva diferenciação das sociedades hodiernas, a ênfase na individualização e na autorrealização e a experiência do pluralismo marcam profundamente a obra filosófica de Rorty.

No princípio de sua carreira Rorty é, no entanto, firmemente enraizado na filosofia analítica de procedência norte-americana, que na reflexão sobre a linguagem pretende alcançar o máximo possível enunciados evidentes e precisos sobre a realidade. Após o estudo com Rudolph Carnap ele conheceu bem em Yale e Princeton a argumentação dos filósofos analíticos. Entretanto, a procura destes por uma possível linguagem exata é, com o passar dos anos, vista por Rorty claramente como desmedida. Diante disso ele constrói progressivamente sua própria posição filosófica. Sua ideia fundamental é que não existe apenas uma verdade compreensível de modo exato, mas que a verdade deve ser pensada somente no plural. Na medida em que os homens não podem mais cogitar entre si verdades de um modo definitivo, não resta outra coisa a eles do que defender a verdade que eles, ante o pano de fundo de sua própria história e de sua própria cultura, consideram a mais plausível. Em suas armadilhas, este é o pluralismo das democracias ocidentais. Esta é sua verdade política, da qual ele está convicto e que ele traz para o discurso global.

Também em sua trajetória concreta profissional mostra-se seu desvio das posições fundamentais da filosofia analítica. Rorty pretende trabalhar sempre mais a filosofia não como ciência analítica, mas sim como literatura, isto é, como uma interpretação do próprio contexto histórico-cultural. Por isso ele volta decididamente as costas para o trabalho universitário filosófico clássico de influência analítica e segue primeiro para trabalhar como professor de ciências humanas em Virgínia (1982) e depois para a Universidade de Stanford, onde trabalha como professor de literatura comparada (1998).

O campo temático central da fundamentação dessa mudança é para ele a metafísica. A metafísica tradicional em geral e as implicações metafísicas da filosofia analítica em especial oferecem, em sua opinião, apenas uma segurança aparente e esquecem que todo falar e todo pensar humanos são sempre ligados ao contexto. Não há uma verdade absoluta — eis a posição fundamental que Rorty apresenta reiteradamente. Reconhecer a multiplicidade de possibilidades de interpretação e sua ligação necessária ao contexto significa para ele, em última instância, uma postura de assumir a ironia. Ironia é aí compreendida não em um sentido coloquial do termo, mas relacionada à filosofia do romantismo, como consciência da contingência. Ser irônico quer dizer reconhecer a contingência e ser cético ante pretensões desmesuradas de verdade.

O metafísico tradicional quer, todavia, manter firme a verdade universal, procura por argumentos para a eternidade e quer com isso trilhar a aparente senda segura da filosofia. Rorty, ao contrário disso, privilegia o tipo de filósofo que demonstra fortes traços literários. Este reconhece que não há uma verdade absoluta e escreve, em lugar disso, sátiras ou aforismos, que devem favorecer o espanto filosófico originário. O tipo de filósofo favorecido por Rorty reage ante a contingência de modo criativo e criador.

A filosofia política de Rorty é construída sobre essa desconstrução do pensamento metafísico. O ponto nevrálgico é com isso a diferenciação de público e privado. Essa diferenciação, segundo sua perspectiva, não é hoje levada a sério por muitos homens e o âmbito da autorrealização individual é ligado de modo muito forte com o âmbito da publicidade. Em lugar disso Rorty sugere que a autocriação literária e a interpretação metafísica do mundo sejam deixadas no âmbito privado. Ele não menospreza esse âmbito, mas, segundo sua visão, nenhuma exigência política pode ser derivada da esfera privada. No privado os homens estabelecem sua própria verdade, mas eles não deveriam fazê-lo de tal modo como se aqui fosse se tratar de uma perspectiva filosófica universalizável, a partir da qual até mesmo consequências políticas pudessem ser derivadas. Por isso, Rorty iria rejeitar um cruzamento entre mundo da vida e esfera pública, como Habermas tem em mente.

Para Rorty, exigências políticas não podem mais ser fundamentadas hoje em interpretações sociais asseguradas metafisicamente ou por meio de valores. Elas assentam unicamente sobre a experiência humana geral de que a crueldade é o mais terrível que homens podem fazer. Tais crueldades devem ser superadas, o que significa ser solidário com aqueles que sofrem. Solidariedade não é aqui uma lembrança do humano em todos os homens pensada metafisicamente, mas a perspectiva de que todas as diferenças culturais ou políticas são, em última instância, dispensáveis quando se trata da experiência do sofrimento. A forma de solidariedade que é escolhida como reação à experiência do sofrimento é, na verdade, também historicamente contingente, mas ela é a única possibilidade de se tratar aquilo que diz respeito aos homens no âmbito da esfera pública. Quem reconhece isso é verdadeiramente um liberal, com o que Rorty se coloca claramente na tradição dos princípios éticos liberais.

O objetivo da reflexão filosófica de Rorty é fortalecer esta concepção da ironia liberal: contra a metafísica tradicional e pelo respeito à contingência histórica do pensar e do falar, isto é, por uma superação solidária do sofrimento. A democracia ocidental e, de modo especial, os direitos humanos são expressão desse pensamento liberal — o próprio contexto cultural de Rorty. Naturalmente para ele não pode haver uma fundamentação última metafísica dos direitos humanos, mas eles representam muito mais uma orientação etnocentricamente condicionada para a superação do sofrimento. Por isso, em sua opinião, discussões teóricas sobre a fundamentação dos direitos humanos não avançam. A filosofia não deveria aliviar a humanidade através de verdades anistóricas de tal natureza, mas encorajar à ação responsável desde uma perspectiva liberal. Os direitos humanos podem ser um auxílio para isso.

Mas como Rorty aplica seu posicionamento filosófico sobre a globalização? No ensaio *Orgulho de nossa pátria* (1999) encontra-se uma referência para isso. Rorty desenvolve ali suas considerações sobre a globalização e a política mundial em confronto com os intelectuais de esquerda norte-americanos. Ele observa que nestes falta um sentimento de pertença ao próprio país e a tradição política — no caso dos Estados Unidos para o liberalismo político — é ausente. Tal ligação é, no entanto, importante para a formação de identidades sociais na época da globalização. Em sua opinião é problemático, na verdade, quando o orgulho nacional se desanda em chauvinismo militar, como é o caso desde o 11 de setembro. Não obstante, isso não pode levar a uma situação em que, por esse motivo, o próprio vocabulário liberal da comunidade caia no esquecimento.

Os intelectuais de esquerda nos Estados Unidos estão para Rorty correndo exatamente este perigo. Eles tratam, ainda, somente de cultura política e não desenvolvem uma visão para o próprio país. Com o olhar voltado para Michel Foucault, eles se interessam apenas pelo teorizar vazio de conteúdo sobre a sociedade e se fixam na questão do poder. Mas com isso eles não conseguem mostrar uma alternativa ao modelo de uma economia de mercado liberal.

Justamente os intelectuais deveriam se posicionar, em perspectiva liberal, em favor das liberdades e dos direitos fundamentais nas questões globais, porque eles são o melhor meio contra atrocidades. Na história ainda não se encontrou um meio adequado para a implementação política da solidariedade. Por isso, os homens deveriam mobilizar-se para o programa "paz através da economia global de mercado" e a necessidade de uma polícia mundial[1] para a ocidentalização do mundo no sentido de uma superação liberal da crueldade. No mundo inteiro, o fomento de valores liberais — também pelos meios mi-

1. No original "Weltpolizei". (N. do T.)

litares — é a única esperança para a superação do sofrimento e da crueldade. Por isso, Rorty aconselha aos intelectuais de esquerda deixar de lado o teorizar e mobilizar o que sobrou do orgulho nacional liberal em favor de uma estruturação liberal da sociedade mundial.

Além disso, a compreensão marcadamente liberal de Rorty sobre globalização e política mundial mostra-se exemplarmente nas discussões acerca da guerra contra o terror após o 11 de setembro. Rorty percebeu como seu dever (em sua responsabilidade como irônico liberal) colocar-se nesta discussão. Sua posição sobre isso não é uma argumentação fechada, mas a tentativa de exigir, sempre de um novo modo, a proposta da ironia liberal nos contextos em transformação.

Em fevereiro de 2002 Rorty simpatiza primeiramente com sessenta cientistas americanos, entre eles Francis Fukuyama (1952-) e Samuel Huntington (1927-), que em uma petição pública sob o título *What we are fighting for* interpretam a Guerra do Afeganistão como uma guerra moralmente justificada. Rorty ergue em suas colocações esta posição, todavia enfatiza que para ele se trata menos de uma justificação moral da guerra (porque com isso, novamente, se procuraria apenas por verdades últimas) do que da ampliação do pensamento ocidental e da intervenção pelos direitos humanos, na qual em caso de necessidade também a violência é permitida.

Objetivo da política mundial é para ele também uma ocidentalização do mundo e, com isso, a propagação do liberalismo. Com inimigos do liberalismo não se pode e não é necessário aí ser necessariamente solidário. A partir desta postura fundamenta-se também uma certa desconfiança diante da possibilidade de um entendimento para além de fronteiras culturais, pois em última instância tal diálogo intercultural, segundo a perspectiva de Rorty, pouco auxilia na diminuição do sofrimento. Em uma entrevista no *Süddeutschen Zeitung* de 20 de novembro de 2001, Rorty salienta esta perspectiva de modo muito claro: "De tal diálogo eu nada espero. Nos dois séculos desde a Revolução Francesa desenvolveu-se na Europa e na América uma cultura humanística secular na qual muitas desigualdades sociais foram eliminadas. Há muito ainda para fazer, mas o Ocidente está fundamentalmente no caminho certo. Eu não acredito que ele tenha algo para aprender das outras culturas. Nosso objetivo deveria ser antes ocidentalizar os planetas". Estas declarações mostram um traço claro do realismo político que, ao cabo, justifica também esforços de hegemonia dos Estados Unidos (como ocidentalização do mundo).

Diante disso está, entretanto, ainda outra faceta do pensamento de Rorty, que se mostra especialmente com relação à sua interpretação dos desenvolvimentos da política interna nos Estados Unidos em tempos de terror. Um dos maiores efeitos do terror é para ele, pois, a reação do mundo ocidental: o ataque à ordem liberal por meio de violações massivas das liberdades e dos direitos fundamentais.

O pano de fundo de sua avaliação é o fato de que o terrorismo é para o político ocidental difícil de compreender conceitualmente. Diferentemente da guerra tradicional, o terrorismo não tem um alvo fixo, por exemplo a conquista de um território. Trata-se muito mais de um ataque aos símbolos do mundo ocidental, isto é, ao modelo de civilização como um todo. Além disso, terroristas não estão mais ligados a certos países, eles não são nem soldados inimigos, nem criminosos no sentido usual. Rorty deduz, por isso, que o mundo ocidental tem grandes problemas, com base nessa determinação imprecisa do terror, em como ele pode e deve politicamente fazer frente ao terrorismo.

O melhor exemplo para Rorty são os políticos nos Estados Unidos, pois eles tornam claramente difícil para si a tarefa de lidar com a ambivalência do terrorismo. Por um lado, os Estados Unidos interpretam o terror como guerra, aquilo que propriamente permeia o âmago do terrorismo. Por outro, a política externa norte-americana age de tal modo como se com a guerra contra o terror e pela intervenção do poder militar a segurança pudesse ser restabelecida por completo. Mas isso é impossível na perspectiva de Rorty. Justamente por isso ele também se manifesta sobre a Guerra do Iraque em outra direção do que quando da Guerra do Afeganistão. Para ele, a intervenção militar pelo liberalismo mostrou-se ela mesma nesse intervalo antiliberal, com o que ela se conduziu por fim *ad absurdum*.

Por isso, a suspeita de que a guerra contra o terror é potencialmente mais perigosa do que o próprio terrorismo é, para Rorty, plenamente justificada. Nos Estados Unidos o Estado investe com dureza e enterra a separação entre público e privado, pela qual Rorty tão apaixonadamente se engaja. O *Patriot Act* do governo Bush se iguala para ele a uma vigilância e uma censura do Estado-grande-irmão *à la* George Orwell (1903-1950). As instituições democráticas estão em perigo de se tornar frágeis. Os Estados Unidos esquecem sua própria tradição liberal e tornam-se tiranos. Em lugar disso, Rorty opta por que se proteja novamente mais o âmbito do privado e se solidarize com as pessoas que, por conta da ignorância da separação entre público e privado, experimentam a dor. Por isso, a tarefa da política de privacidade, o fim de medidas políticas internas antiliberais e o fortalecimento de uma esfera pública crítica são considerados por ele de enorme importância.

Terrorismo e guerra contra o terror são, em última instância, ambos um ataque à distinção, fundamental para Rorty, entre público e privado. O 11 de setembro foi um golpe sobre a pureza dessa distinção, a política antiliberal do governo norte-americano nos anos passados é, todavia, exatamente deste modo. No entanto, Rorty permanece firme no objetivo político da ocidentalização do mundo. Mas, em lugar de colocar o mundo num estado permanente de guerra política interna e externa, a distinção entre público e privado deveria ser novamente destacada e a crueldade combatida solidariamente. Por isso, a Europa deveria, por exemplo, há muito não cortejar os Estados Unidos mas, como contrapeso aos Estados Unidos, fortalecer de modo autoconfiante o pensamento liberal.

O universalismo repetidor — Michael Walzer

A posição filosófica de Michael Walzer deve ser lida no quadro do debate entre liberais e comunitaristas nos anos de 1980. Walzer está do lado do comunitarismo — uma tradição ética que já foi caracterizada em suas pressuposições fundamentais no contexto da ética da globalização. O trabalho mais importante de Walzer, na fase mais elevada desse debate, foi publicado por ele sob o título *Esferas da justiça*, em 1983. Trata-se de uma resposta comunitarista ao *Teoria da justiça* de Rawls.

Enquanto projeto oponente à teoria liberal da justiça de Rawls, Walzer argumenta que a filosofia não pode fundamentar regras universais segundo as quais bens podem ser divididos de um modo justo. Bens sociais são avaliados nas diferentes esferas de modo distinto e distribuídos segundo critérios próprios. Walzer quer, portanto, desenvolver menos uma teoria da justiça abstrata e válida universalmente e muito mais um conceito concreto de justiça que reflita o contexto social.

O ponto de referência para sua reflexão sobre a justiça é a respectiva comunidade política, marcada por uma consciência comum da linguagem, da história e da cultura. Justiça é, por isso, sempre um conceito relativo referente a essa tradição e à estrutura da respectiva comunidade. Walzer faz objeção a Rawls de que princípios de justiça não podem ser buscados atrás de um véu de ignorância, mas apenas no quadro concreto de experiências culturais e históricas. A justiça está enraizada, portanto, em todas as coisas que compõem um modo de viver comum. "Não se importar com esta compreensão significa (sempre) ser injusto"— esta é a tese concisa de Walzer.

Toda a comunidade tem, por isso, uma representação própria de justiça para a qual se deve atentar e refletir. Nunca há justiça enquanto princípio atemporal, mas apenas como realização concreta. Por isso, Walzer parte também de que não pode existir um princípio válido universalmente para a distribuição dos bens, mas o significado social dos bens codeterminam sua distribuição: a distribuição pode ser justa apenas em relação ao significado dos bens no interior de uma sociedade. Esse significado social transforma-se continuamente com o passar do tempo e, com isso, naturalmente também o conceito de justiça.

Walzer ilustra essa consideração nas sociedades ocidentais. Ele constata que em muitas sociedades ocidentais um bem é frequentemente absolutizado, e na verdade o dinheiro. Justamente porque o dinheiro é posto frequentemente acima de todos os outros bens, chega-se a um predomínio deste como o único bem. Walzer fala também de um domínio do dinheiro enquanto uma ideologia. Desse modo, ele interpreta a livre circulação de mercadorias como ideologia daqueles que dominam sobre a riqueza em movimento. Walzer volta-se contra tais domínios de bens particulares porque eles não correspondem à multiplicidade de bens. Pelo contrário, também nas comunidades há diferentes bens e, com isso, também diferentes esferas de justiça. Em cada esfera particular encontram-se diferentes prioridades de bem. Essas esferas de justiça devem ser respeitadas e observadas, de outro modo uma sociedade assume traços ideológicos ou até mesmo totalitários.

As diferentes esferas da justiça não podem, portanto, ser harmonizadas em uma consideração abstrata como faz Rawls. Trata-se, muito mais, do estabelecimento de uma complexa equiparação entre as esferas da justiça. Walzer caracteriza esta situação como um equilíbrio complexo. Tal equilíbrio sugere a obtenção da maior multiplicidade possível de justiças. Esta exigência de uma independência das esferas da justiça implica naturalmente para a respectiva sociedade um grande desafio. A justiça não pode ser realizada segundo um esquema unitário. Os bens das esferas particulares necessitam ser analisados, avaliados e divididos segundo sua natureza. Na melhor das possibilidades, tal equiparação pode ser realizada em um estado de bem-estar com uma grande participação dos cidadãos e um grande significado de educação. Walzer posiciona-se a partir daí em favor de um "socialismo democrático descentralizado".

O perfil comunitarista de sua teoria aparece claramente nesta consideração. Walzer enfatiza diante das teorias liberais, sobretudo, as diferenças sociais na forma de vínculo a famílias, culturas, estados ou comunidades morais. Segundo sua opinião, teorias liberais enfatizam demasiadamente o indivíduo e sotopõem a comunidade. Além disso, elas se mantêm presas em uma racionalidade aparentemente válida universalmente que (como no caso de Rawls) deve fundamentar princípios de justiça universais. Mesmo em Habermas, que interpreta racionalidade como razão comunicativa, esta crença em uma harmonização das diferenças mostra-se no diálogo conduzido racionalmente. Marcas culturais como parte do discurso social são também por ele demasiado pouco consideradas.

O que resulta então a partir desta ênfase das diferentes esferas de justiça para a reflexão sobre a globalização? Walzer pronunciou reiteradamente sua posição para questões globais nos anos passados e fica imediatamente evidente que, mesmo com toda ênfase das diferenças, ele não é um relativista. Ele acentua, na verdade, que marcas culturais de horizontes de valor e também são de suma importância na época da globalização. Todavia, ele mostra ao mesmo tempo que no mundo inteiro os homens, partindo de suas raízes locais, formam também uma moral global comum.

Walzer diferencia, por isso, entre uma moral maximalista e uma minimalista[2]. Com o conceito de moral maximalista é pensada aquela moral dividida por uma comunidade. Walzer quer justamente diante da dinâmica global, tomar a sério essa moral maximalista dos grupos particulares e não deixar evidentemente as diferenças entre as representações morais se diluir em uma moral supraordenada. Para ele é evidente que não há uma comunidade abrangente da humanidade que poderia se apoiar sobre tal moral maximalista. "Isso significa também que nossa vivência humana comum jamais nos tornará membros de uma 'etnia' única e omni-abrangente. O elemento comum decisivo da raça humana é o particularismo: todos nós tomamos parte em nossas próprias culturas 'maximalistas'" (Walzer 1996, p. 110).

Isso abre o plano para a segunda, a moral minimalista. Esta originou-se no plano global como uma moral de normas mínimas compartilhadas. Ela alimenta-se a partir das representações morais maximalistas e vive das mesmas. Walzer interpreta os movimentos de protesto globais como expressão desta moral minimalista que os homens desenvolvem no panorama de sua própria moral maximalista. As imagens dos protestos de 1989, nas quais é possível ver

2. Embora tenhamos optado aqui pelos termos "minimalista" e "maximalista", no alemão o autor refere-se a esses termos de Walzer como "dichten", correlato do inglês "thick", que indica a ideia de "densidade, espessura, abrangência", e "dünnen", correlato do termo em inglês "thin", que se refere a "esmaecido, rarefeito, fino". (N. do T.)

pessoas saindo para as ruas em favor de um mundo livre, são o exemplo paradigmático disso, por que elas são compreensíveis imediata e intuitivamente no mundo inteiro, independentemente de tradições culturais.

Os homens são, portanto, parte de comunidades morais locais e, ao mesmo tempo, também da comunidade mundial, caracterizada através de uma moral minimalista compartilhada. Mas diante da diferenciação das sociedades modernas e da individualização essa relação é também mais complexa do que se pensa, pois os homens são também no plano local, desde o começo, partes de diferentes grupos políticos e sociais. Também as comunidades culturais (como estados) têm não apenas uma moral, mas são caracterizadas por uma pluralidade de representações de valor e de comunidades. Na maioria das vezes os homens são parte simultaneamente de mais de uma dessas comunidades. O cidadão do mundo constata a partir daí que ele tem, em última instância, um tipo de eu dividido por que pertence a diferentes tradições.

Se a política mundial deve corresponder a estas circunstâncias, a ela é exigido encontrar um equilíbrio complexo entre as diferentes versões de autodeterminação na própria sociedade e na sociedade globalizada. Para isso é necessária uma constante equiparação entre as representações morais maximalistas das culturas e a moral global minimalista.

Construindo sobre esse intercâmbio dinâmico entre a representação minimalista e maximalista da moral, Walzer desenvolve uma compreensão de um universalismo ético que ele não quer abandonar de nenhum modo e que, todavia, atenta para as diferenças das apresentações morais maximalistas. Aquilo que os homens formam como moral minimalista na dimensão global necessita se manter reiteradamente nos desenvolvimentos particulares da sociedade mundial. O universalismo global é para Walzer, portanto, um universalismo da repetição. Continuamente surge a moral minimalista e é confrontada novamente com outras representações morais maximalistas e desenvolvimentos sócio-globais. Se poderia dizer que o universalismo é com isso dinamizado: "O universalismo da repetição atua, em grande, parte no interior de limites estabelecidos por meio do 'nós e eles' — ele trata da 'nossa' razão e da 'razão deles' e não da razão enquanto tal. Ele exige respeito diante dos outros que não são menos formadores da moral que nós mesmos. Isso não quer dizer que a moral elaborada por eles e aquela elaborada por nós tenha o mesmo valor (ou não-valor). Não há nenhum critério de valor unitário e eterno (...); a repetição é uma atividade constante e constantemente em polêmica. A exigência mais abrangente da moral, o princípio nuclear de todo o universalismo, necessita soar desta forma: nós necessitamos encontrar um caminho de exercitar esta atividade polêmica e, ao mesmo tempo, viver com outros atores em paz" (WALZER 1996, p. 168).

Com Walzer se pode chamar a atenção para o fato de que o respeito das diferenças necessita ser o ponto de partida intransponível de toda ética da globalização. Esta argumentação encontra-se também no modelo da *Global-governance*. Ao lado da ênfase sobre as diferenças (culturais) o modelo da *Global-governance* visa compreender universalismo e particularismo, identidade e diferença como entrecruzados. Com isso, ambos os aspectos devem ser considerados do mesmo modo. As considerações de Walzer visam exatamente tal cruzamento dialético de diferença e unidade, de interesses particulares e pretensões universais.

A democracia vindoura — Jacques Derrida

Por um longo tempo Jacques Derrida não se explicitou decididamente como filósofo político. A questão em torno de sociedade, política ou cultura devia decorrer indiretamente, na maioria das vezes, de uma decodificação de suas considerações filosóficas gerais. Nos últimos quinze anos de sua vida isso se modificou. Reiteradamente ele se manifestou diretamente sobre questões políticas e, assim, deixou também uma contribuição interessante para a questão da globalização.

O ponto de partida de seu pensamento filosófico está no contexto da crítica da metafísica dos anos de 1960. Em uma desconstrução da linguagem humana, inspirada por Martin Heidegger (1889-1976), Derrida mostra que na filosofia por muito tempo se procedeu como se o escrito fosse algo secundário em comparação com o objeto descrito. O escrito somente claudica, de certo modo, atrás do aparente objeto atemporal. Nisso também a delimitação dos objetos entre si (aqui a mesa, lá a cadeira) transcorreria aparentemente de modo claro. Por isso muitos filósofos concluíram que o homem pensa em oposições claramente compreensíveis.

Diante disso Derrida demonstra, por um lado, que a linguagem não é algo secundário diante do objeto e, por outro, que toda palavra está sempre numa rede de relações históricas e textuais. O significado é esclarecido, portanto, apenas em diferenças ramificadas complexamente. Se se observa com precisão, constata-se que significados nunca se deixam fixar completamente. Pelo contrário, eles se modificam constantemente. Com a desconstrução

Derrida desenvolve uma metáfora que pretende fazer jus a este aspecto fundamental do pensar e do falar humanos. Para ele trata-se, sobretudo, de rastrear contradições em oposições aparentemente claras. O que são oposições reprimidas ou ignoradas? Quão contraditórias são oposições aparentemente fixadas? A desconstrução persegue tais oposições fortes e significados escondidos e os tematiza.

Também no âmbito do debate ético ou político existem tais pares de oposições aparentemente claras que devem ser desconstruídos. Frequentemente a violência é compreendida, por exemplo, na linguagem cotidiana, aparentemente como um fenômeno claramente passível de descrição. Derrida indica que a violência é mais do que isso e que muitos aspectos diferentes, na maioria, não são trazidos à tona. Por exemplo, também no interior da própria escritura existe uma violência. Na opressão de outros significados ou no estabelecimento de tabus, a linguagem humana mostra-se ela mesma como violenta. Exatamente tais formas escondidas do poder necessitam ser tematizadas na reflexão moral. Por meio da desconstrução, a violência pode ser descoberta na linguagem e tornada consciente. Naturalmente, com isso, a violência também não pode ser impedida de modo automático nestas formas, mas ao menos pode ser reconhecida. Tornar-se consciente de um tabu pode ser, então, o ponto de partida para um discurso político livre de violência.

O exemplo mais conhecido da desconstrução no âmbito da ética é a reflexão — como poderia ser de outra maneira? — sobre justiça. A proposta de Derrida consiste em questionar a aparente clara delimitação entre justo e injusto e discutir as possibilidades de um discurso convincente de justiça.

O ponto de partida de suas considerações é a relação recíproca entre direito e justiça. A justiça é realizada nas democracias por meio do direito. Todavia, o problema aqui é que a regra jurídica geral pode ser justa apenas parcialmente para o aspecto peculiar do caso particular, pois todo caso é diferente do outro e implica, por isso, também uma interpretação própria. Uma regra geral pode corresponder a ele apenas de modo condicionado. Por isso o estabelecimento da justiça é igualmente sempre limitado e permanece, ao mesmo tempo, dependente do direito. Por isso um juiz justo não é nem uma máquina de interpretação do direito, nem tampouco pode ele permanecer indeciso. Ele comprova que é justo quando consegue, em sua ação, transpor exatamente esta tensão paradoxal.

A justiça é, portanto, o objetivo visado pelo direito mas, em última instância, é uma experiência do impossível. É exatamente nessa experiência aporética que se mostra indiretamente o conteúdo positivo da justiça. Nunca se pode dizer que uma decisão ou uma pessoa é justa e, apesar disso, a justiça permanece, enquanto ideia e como o objetivo almejado. Na verdade a justiça não é plenamente realizável, mas ela é um critério de orientação importante para a ação política. Por isso, Derrida enfatiza que quando se fala sobre justiça se deve sempre acrescentar "talvez". Justiça pode apenas (talvez) acontecer, ela não pode ser planejada ou realizada tecnicamente.

Derrida conecta suas considerações sobre a globalização a esta compreensão de justiça. A base da política mundial parece até hoje ser a soberania do Estado. A soberania mostra-se, na maioria das vezes, como um movimento circular fechado em si que, a partir da ideia, não carece de uma legitimação externa. A soberania funda-se, na verdade, sempre a partir de si mesma: um Estado é soberano porque ele é soberano — assim se poderia expressar de modo cabal. Diante dos desenvolvimentos globais da atualidade este conceito de soberania não é mais sustentável — como já foi demonstrado no segundo capítulo desta introdução. Olhando atentamente, a autonomia de um Estado mostra-se, portanto, também para Derrida apenas como relação complexa com influências globais.

A visão de Derrida da política mundial volta-se contra toda reação violenta a essa dissolução de claras soberanias. A meta da política mundial deveria ser, antes, uma forma nova e aberta de hospitalidade. Esta deveria se mostrar como incondicional. As sociedades deveriam ser, por exemplo, hospitaleiras para com os cidadãos do mundo que chegam por correntes migratórias a outras partes do mundo.

Isso exige, por outro lado, também uma abertura para a compreensão da tolerância. Até o momento a maioria das sociedades ocidentais caracteriza-se por uma forma parcial de tolerância e hospitalidade. A tolerância é frequentemente entendida na perspectiva de Derrida como uma hospitalidade controlada e praticada de um modo que visa, em última instância, a uma vigilância da própria soberania. Para Derrida é problemático nesta forma condicionada de tolerância que, com isso, os excluídos não podem ser integrados na sociedade. Diante desta perspectiva ele é esperançoso por uma nova forma de tolerância que se caracterize por uma hospitalidade incondicionada para com o visitante. Uma tolerância, assim compreendida, é aberta para o imprevisível, ela não dispõe os homens claramente segundo as fronteiras e tolera — incondicionalmente.

Após o 11 de setembro, todavia, uma nova intolerância se difundiu amplamente no plano global, que subordina visivelmente os homens em grupos contrapostos. O conceito de "estado canalha"[3] é para Derrida a expressão paradigmática desse modo de pensar. Este conceito é, certamente, também uma interpretação, pois por ele é expresso contra quem a violência é justificada. Problemático é quando o ocidente determina quem deve ser contado como canalha. Em última instância o Ocidente torna a si mesmo canalha porque ele despreza a impossibilidade de posições e interpretações absolutas. Por meio da Guerra do Iraque os Estados Unidos, segundo Derrida, transformaram-se em Estado canalha. Ele defende, por isso, que se recuse por inteiro este conceito.

Para Derrida, a guerra contra o terror é parte da globalização. Ele a interpreta como uma forma de doença autoimune, pois com a guerra contra o terror os países ocidentais destroem seu próprio sistema imunológico, que se assenta sobre a ligação entre razão, moral e direito. Em defesa da democracia, especialmente os Estados Unidos empregam conceitos e estratégias políticas que são, eles mesmos, um ataque à democracia. Uma ênfase do direito do mais forte, no sentido da retórica do Estado canalha, novamente, fortalece essa doença autoimune.

Correspondendo às suas considerações sobre justiça deveria também ser conferido ao direito, no plano global, um papel importante na efetivação da justiça — no entanto, no conhecimento dos limites do direito, pois o estabelecimento de um mundo justo é também no plano global, em última instância, uma experiência da impossibilidade e, não obstante, o objetivo sempre novamente almejado. Por isso, é também exigido de cada cidadão do mundo que colabore com essa visão por meio de seu próprio agir responsável. Derrida denomina essa visão democracia vindoura. "Com a democracia vindoura é pensada uma imagem, uma visão, que é transformada, isto é, renovada todo dia pelo povo. Ela não é existente mas, ao mesmo tempo, é algo na direção do qual se deve e se necessita trabalhar. Há uma certa urgência, pois o trabalho na democracia vindoura não pode ser protelado ou paralisado. 'Pois ela não espera e, contudo, deixa esperar por si. Ela nada espera, mas perde tudo, quando ela espera'" (Derrida 2003, p. 150).

Uma democracia cosmopolita, enquanto vindoura, procura, para além das estruturas estado-nacionais, por novos caminhos de tolerância e hospitalidade incondicional. Desse modo, a democracia cosmopolita será sempre contingente e permanece por vir. Ela permanece em sua estrutura constante-

---

3. O termo alemão utilizado pelo autor é "Schurkenstaat", que pode ser traduzido também como "estado vilão". (N. do T.)

mente aporética — exatamente aí reside sua força. Por isso, Derrida designa o porvir também como uma promessa, pois a democracia nunca existirá de modo completo e, todavia, ela promete novamente todo dia. Ela é vindoura e não está por chegar no sentido de que amanhã ela estaria aí. Ao mesmo tempo, Derrida opõe-se a entendê-la como uma ideia regulativa no sentido kantiano, pois ela também não está diluída no infinito ou no impossível. Pelo contrário, ela é constantemente a já existente crítica política combativa e ilimitada das relações existentes. A ideia de uma hospitalidade ilimitada, a ampliação da esfera democrática para além do Estado e a procura pela justiça global no sentido de uma justiça infinita — todas essas são formas concretas da democracia vindoura. Com isso, a democracia cosmopolita vindoura está também já no aqui e agora, mas apenas na forma de um tolerado talvez.

6 FACETAS DE UMA FILOSOFIA DA GLOBALIZAÇÃO

11 de Setembro, "guerra justa" e a questão da paz

O 11 de setembro marca fortemente a discussão sobre a globalização. A questão acerca da relação entre culturas e religiões se tornou, por meio daqueles acontecimentos, tão atual quanto a discussão sobre as chances e os limites das atuais instituições geopolíticas. No capítulo anterior, a análise das posições filosóficas sobre a globalização já mostrou que a questão sobre o terrorismo é uma reação política adequada e isso move muitos filósofos na atualidade. Por isso é que também se pode falar de uma filosofia pós-11 de setembro.

Um primeiro problema, que desempenha um papel importante nesta discussão, é a pergunta sobre como o terrorismo global pode ser determinado do ponto de vista do conteúdo. Rorty chama a atenção (como visto) para os problemas relacionados com esse aspecto; Derrida faz isso partindo de outras premissas numa direção muito semelhante. O terrorismo, que surge a partir da dominação do medo de Robespierre na França, é hoje, conforme a tese comum entre ambos, ainda difícil de compreender conceitualmente. Especialmente difícil nesse contexto é determinar a diferença entre guerra e terror. Também a classificação do terrorismo nas categorias estatal/não estatal ou nacional/internacional é pouco plausível. Por isso, conforme a perspectiva da qual se parte, os terroristas serão situados em algum lugar entre militantes libertários e criminosos. Os filósofos esforçam-se desde sempre em esclarecimentos conceituais, e assim parece especialmente problemático que quanto mais indeterminado é o conceito tanto mais ele se presta a instrumentalizações políticas. A conexão frequente entre aspectos políticos e religiosos com o tema do terrorismo acentua ainda mais esse perigo de instrumentalização.

O ponto de partida do terrorismo global, conforme a posição de muitos filósofos, é uma rebelião contra o projeto ocidental dos modernos. Na forma de atentados violentos forma-se a resistência contra uma Modernidade marcadamente capitalista que é caracterizada não apenas por aspectos como individualização ou uma forte racionalidade, mas também pelo comércio e por desigualdades entre o Norte e o Sul. O mundo ocidental, assim pensa Habermas, por exemplo, atua "como bode expiatório para as próprias e extremamente reais experiências de perda que uma população, extirpada de suas tradições culturais, sofre no decorrer de processos de modernização radicalmente acelerados" (HABERMAS 2004, p. 19). Como uma forma de reação defensiva o terrorismo global não tem nenhum objetivo realista (como, por exemplo, a libertação de prisioneiros ou o voltar atrás em decisões políticas), mas ele é uma expressão violenta contra o modelo de civilização ocidental enquanto tal. Habermas interpreta o terrorismo neste contexto como uma patologia comunicativa, que interrompe o discurso global e fomenta a espiral da violência. Desconfiança e violência são assim fortalecidas consideravelmente no mundo globalizado. Para Derrida, a divisão do mundo, já há tempos persistente, entre Norte e Sul acentua essa espiral da violência e desempenha, portanto, um papel importante na explicação do terrorismo global.

O terrorismo global utiliza a vulnerabilidade do mundo globalizado. Alvos prenhes de simbolismo são atacados e aproveita-se a encenação midiática da violência. Derrida dedica-se intensivamente a essa elaboração midiática e social do terrorismo. Ele enfatiza que a denominação dos acontecimentos como "11 de setembro" carrega traços da elaboração de um trauma. Em tais elaborações os homens são sempre de novo confrontados com situações incontroláveis. Por meio da repetição de uma situação traumática os homens tentam dominar o acontecimento. As imagens das torres do World Trade Center desabando e o emprego do conceito "11 de setembro" como expressão permanente são indícios disso. A denominação "11 de setembro" sugere que o pesadelo já passou. As vítimas precisam ter constantemente o trauma diante dos olhos para se certificarem de que ele já foi superado.

A exigência política de uma guerra contra o terrorismo como reação às condições globais modificadas é vista pelos filósofos em grande parte de modo crítico, ainda que numa comparação das manifestações filosóficas possa ser constatada também uma certa ambivalência. Rorty é um exemplo paradigmático disso. De um lado ele exige uma ocidentalização do mundo. Com os inimigos do liberalismo, que são cruéis, não se deve ser solidário. Ao mesmo tempo ele é cético ante reações políticas encobertas, tanto internas quanto externas, que colocam os próprios fundamentos do liberalismo em questão.

Quando os Estados Unidos esquecem sua própria posição liberal e se tornam tiranos, a guerra contra o terror, na visão de Rorty, ameaça se perverter.

Essa ambivalência fica evidente também em Walzer. Em 2002, ele anunciou primeiramente seu apoio à Guerra do Afeganistão como guerra (moralmente) justificada contra o terrorismo, por meio de sua assinatura na chamada carta dos intelectuais americanos com o título *What we are fighting for*. Em seguida, Walzer apresentou sua fundamentação filosófica para isso como teoria de *declarações de guerra justa*.

Na medida em que a teoria da guerra justa desempenha um papel importante, em geral, no âmbito da filosofia após o 11 de setembro e para se poder discutir as considerações de Walzer de modo adequado, parece fazer sentido e valer a pena lançar um olhar à história da filosofia e aos diferentes estágios da reflexão sobre a guerra justa.

A teoria da guerra justa tem uma longa história. Já na Antiguidade argumentava-se, por exemplo, que somente um objetivo de paz justificaria a participação em uma guerra. Cícero interpretava a guerra como um ato jurídico por meio do qual a injustiça seria reparada e o infrator da lei seria punido. Mas, sistematicamente, a questão da guerra justa é respondida, sobretudo por Agostinho (354-430), no século V, numa perspectiva filosófico-teológica. Sua doutrina sobre a guerra justa, marcadamente cristã, determina em longa medida até para além da Idade Média a relação do cristianismo com a guerra como meio político. Para Agostinho, uma guerra é justa quando serve para o restabelecimento da ordem jurídica. Como razões legítimas ele aponta para a violação, isto é, a ameaça à ordem jurídica. Uma guerra não pode, todavia, conduzir ao extermínio de outros grupos, mas necessita sempre ter por objetivo a paz com os vencidos. Uma guerra justa, além disso, somente pode ser conduzida por uma autoridade de Estado legítima.

Na filosofia medieval, sobretudo Tomás de Aquino (1225-1274) continuará a desenvolver esses critérios para uma guerra justa. Ele distingue três condições para uma guerra justa: (a) direito único do governo para declaração de guerra (*legitimas potestas*), (b) fundamento justo de guerra no sentido de um ataque externo ou interno à ordem governamental (*causa iusta*) e (c) a vontade de restabelecimento da justiça (*recta intentio*). Embora uma guerra de ataque seja com isso, na verdade, limitada, ela não é manifestamente excluída. Como exemplo ele cita a guerra de defesa preventiva contra os gentios como fundamento legítimo de guerra.

Diante dos frequentes massacres de seguidores de outros credos, tais critérios foram limitados na escolástica tardia, por exemplo por Francisco de

Vitória ou Francisco Suárez. Eles enfatizam de modo claro que a condução da guerra deveria corresponder ao objetivo da paz, isto é, deve haver uma necessária relação de proporcionalidade dos meios com os fins. Onde os danos causados pela guerra são claramente maiores que os danos evitados, não se trata de modo algum de uma guerra justa, assim procede a argumentação. Além disso, é um desgaste desmesurado de recursos técnicos e humanos que deve ser evitado.

Na Modernidade a teoria da guerra justa foi abandonada por alguns filósofos em favor de uma teoria da paz. Kant é um bom exemplo disso. Sua teoria da paz visa, em última instância, a uma fundamentação secular do direito dos povos e pretende limitar consideravelmente as razões para uma guerra já unicamente pela via teórica. Mas, apesar disso, também na Modernidade a teoria da guerra justa não foi totalmente abandonada. Quando se comparam as propostas, depara-se com alguns pontos salientes que se cristalizaram como critérios universais nessa discussão. Estes se diferenciam em razões justas de guerra e características de uma condução justa de guerra. Só quando os critérios de ambos os grupos são preenchidos pode-se falar de uma guerra justa.

Como razões justas de guerra (*jus ad bellum*) são designados, entre outros, a legítima defesa, a proteção do vizinho ou aspectos humanitários. Unicamente o Estado tem autoridade legítima para o início de uma guerra. Além disso, a intenção de uma guerra (bem em sentido agostiniano) deve ser fomentar ou restabelecer a paz. Uma guerra justa é, mesmo assim, apenas o último recurso para a política ou diplomacia. Finalmente, também uma esperança racional de êxito precisa estar presente. Critérios de uma condução justa de guerra (*jus in bello*) são, pois, que a população civil e alvos não militares não podem ser intencionalmente exterminados, que exista uma proporcionalidade entre danos, isto é, custos da guerra e as consequências esperadas e que os inimigos de guerra não podem ser torturados e prisioneiros de guerra devem ser tratados com humanidade.

Na realidade global do século XX as Nações Unidas viram-se, sobretudo após as experiências das duas guerras mundiais, confrontadas com o problema de que uma teoria da guerra justa oferece bem outra coisa do que critérios evidentes, que efetivamente não contribuíram para um estado de paz global duradouro. As Nações Unidas enfatizam por isso, em sua carta, a necessidade de uma convivência pacífica e, de novo, limitam fortemente as condições para uma guerra justa. Para a violência como meio político é estabelecida uma proibição geral, por meio da qual deve ser retirado juridicamente o fundamento para uma condução arbitrária de guerra dos Estados. Correspondente à lei de não intervenção, não há aos olhos da ONU nenhum objetivo e nenhum fim para o qual a guerra poderia ser um meio adequado.

Já nos anos de 1980, mas também nos anos de 1990, a questão de como se deve tratar com regimes ilegais se torna cada vez mais atual. Sobretudo após a queda do muro [de Berlim] não surgiu a paz eterna esperada (como alguns gostariam), mas originaram-se diversos e violentos grupos em conflito. Por isso, as Nações Unidas procuram hoje, com o instrumento da intervenção humanitária, ajudar os seres humanos que estão submetidos ao sofrimento por meio da repressão.

Com isso está esboçada a visão histórica do contexto da reflexão sobre a guerra justa. Diante da situação global de conflitos violentos e das experiências de injustiça, Walzer advoga por uma reflexão renovada sobre as possibilidades e condições de uma guerra justa. Em casos de injustiça massiva, como por exemplo no 11 de setembro, conforme seu ponto de vista, reações multilaterais na forma de guerra justa poderiam ser reações geopolíticas razoáveis e legítimas.

Todavia, tal intervenção militar é para ele justificada somente se existe uma situação de violência massiva (por exemplo, o extermínio de populações). A isso se soma que toda intervenção exige uma discussão social e política própria sobre uma estratégia adequada e sua justificação moral. Também por causa disso é que não pode haver um direito universal de guerra justa. Além do mais, na medida em que existem muitas novas formas de terror e injustiça, também para cada intervenção devem ser desenvolvidas novas estratégias políticas e reflexões morais próprias.

Para Walzer, diante deste pano de fundo, guerras justas seriam, no entanto, plenamente concebíveis. Aderindo aos critérios que os filósofos nos séculos passados já haviam estabelecido, Walzer aponta ainda para algumas considerações adicionais para uma guerra justa: nenhum inocente pode ser atingido ou a própria técnica ser superestimada; além disso, é necessário que se estabeleça uma relação de proporcionalidade dos meios e fins. Na medida em que esses critérios forem atendidos, não apenas uma guerra de defesa, mas também uma guerra preventiva é concebível, o que outros filósofos antes dele já haviam rejeitado.

Walzer enfatiza, no entanto, que com tal compreensão da guerra justa razões possíveis para a guerra não podem ser arbitrariamente ampliadas nessa direção. Com a teoria da guerra justa ele quer, antes, limitar razões legítimas de guerra e indicar critérios claros para uma condução justa da guerra: "A teoria da guerra justa nada tem a ver com traços da cruz. Se eu entro na batalha por causa de uma questão sagrada, tudo é permitido. Mas na doutrina da guerra justa trata-se precisamente de uma delimitação de possíveis razões, fins e meios para a guerra" (WALZER 2003, p. 84).

A Guerra do Vietnã aparece para Walzer, diante deste cenário, como exemplo de uma guerra injusta, pois o modo de condução da guerra levou os motivos *ad absurdum*. Em contrapartida, a Guerra dos Seis Dias de Israel, como ataque preventivo contra a armada egípcia, foi para ele uma guerra justa, porque as condições indicadas foram cumpridas. E também com relação à Guerra do Afeganistão ele chega à conclusão de que neste caso trata-se de um emprego legítimo do poder militar. A guerra contra o terror no Afeganistão é para ele, a partir daí, não apenas moralmente justificada, mas também uma ordem.

A teoria da guerra justa permanece também após o início da Guerra do Afeganistão o aparato teórico no qual Walzer se move. Quando a Guerra do Iraque tem início ele submete novamente a teoria da guerra justa a uma avaliação, mas chega a outro resultado. A Guerra do Iraque, como guerra contra o terror, não atende, pois, aos critérios de uma guerra justa, especialmente porque a proporcionalidade não está dada. Por isso, Walzer manifesta-se, à semelhança de Rorty, de modo crítico diante da política externa norte-americana no Iraque.

Até hoje a teoria da guerra justa é polêmica, também entre os filósofos. Alguns objetam que a teoria posiciona-se demasiadamente no quadro de um realismo político de poder sobre a solução de conflitos globais. Por todos os filósofos é reconhecido o perigo de que a paz, na verdade, também está sempre ameaçada. Todavia, a maioria deles parece ser cética ante as intervenções militares — também sob as condições de uma guerra justa.

Este ceticismo não é sem razão. A observação empírica de que com a guerra a democracia é difícil de ser estabelecida e de que a guerra sempre enterra também o direito dos povos que visam à paz suscita muitas dúvidas legítimas também diante de uma guerra justa fortemente limitada. Se realmente todos os meios diplomáticos e políticos foram esgotados ou se existe uma adequação dos meios é questionável não apenas relativamente à Guerra do Iraque. Em última instância subsiste uma contradição fundamental entre o ideal democrático e um procedimento militar. Na lógica da *global governance* mostra-se, de modo exemplar, o poder da sociedade mundial muito mais na capacidade de cooperação e menos no poder militar. Justamente diante dos atuais conflitos violentos isso é extremamente plausível.

Mesmo quando em determinadas situações de exceção a intervenção de militares, como a ONU hoje vem praticando, de fato pode ser necessária, é particularmente questionável se tais intervenções podem ser atestadas com o predicado de "justas". O emprego de meios militares, mesmo que necessário em casos excepcionais, contradiz sempre por princípio o ideal de justiça, razão pela qual o discurso de uma guerra justa serve antes para favorecer uma justificação sem credibilidade do que para conduzir a uma discussão equilibrada sobre tais situações de exceção.

A esboçada ética da globalização e uma política mundial orientada pelo modelo da *global governance* vão, por isso, fundamentalmente procurar pensar não a partir da guerra, mas a partir da paz. Nisso é importante prestar atenção adequadamente ao complexo emaranhado da realidade global. O terrorismo global, assim poder-se-ia formular com Habermas, não pode conduzir a uma nova ontologização do esquema do amigo-inimigo, que despreza justamente essa capacidade de relação e fomenta politicamente muito mais a violência do que a paz. Sob um olhar mais acurado, a paz mundial parece claramente sempre mais complexa do que aquela que é enganosamente veiculada com tal esquema. Por isso, a globalização não é uma guerra de culturas, tal como Samuel Huntington propagou. Intercâmbios culturais são importantes, é verdade, mas nem por isso o mundo existe a partir de poucos e grandes blocos culturais que estão dispostos uns diante dos outros de modo estático.

Também o mundo islâmico é, por exemplo, altamente diferenciado e conhece em suas diferentes formas culturais as mais diversas opções políticas. Por isso, as recomendações marcadamente islâmicas para a estruturação da política mundial resultam também no Oriente Médio completamente diferentes do que na Indonésia, o maior país islâmico do mundo. Várias vezes também simples problemas sociais ou econômicos são uma razão importante para o surgimento de tensões que rapidamente são instrumentalizadas cultural ou religiosamente. Por isso é preciso haver sistemas de segurança globais que ajudem a resolver comunicativamente os conflitos. Problemas mundiais são claramente muito mais fáceis de resolver por meio de um intercâmbio comunicativo de todos os envolvidos do que por meio de uma guerra justa.

No discurso atual sobre a globalização, todavia, tal pergunta sobre as condições de um estado de paz global, considerada em seu conjunto, ainda desempenha um papel secundário. Justamente a filosofia pode contribuir nesse contexto com um impulso importante por meio de sua reflexão sobre o tema da paz. Essa ênfase sobre a paz diante da guerra é dificultada porque a paz é, por princípio, claramente mais difícil de determinar. Por essa razão, também os filósofos durante longo tempo definiam a paz, na maioria das vezes, apenas de modo negativo, como ausência de confrontos violentos ou de atuação violenta. A pesquisa sobre paz e conflitos, em contrapartida, chamou fortemente a atenção nos últimos cinquenta anos para o fato de que a paz pode ser descrita não apenas de modo negativo, como ausência de guerra e violência, mas também positivamente, como um certo estado de relações sociais. Formulado em termos morais, paz positiva significa uma realização de determinados princípios de justiça em uma sociedade. O pensamento filosófico do Esclarecimento interpreta o conceito de paz já neste sentido amplo. Para Kant, por exemplo, paz é um ideal da razão que deve ser realizado na vida social e política. A ordem pacífica é caracterizada para ele por uma sociedade constituída democraticamente, a qual, de um lado, garante aos cidadãos a maior liberdade possível e, de outro, procura assegurar a paz por meio de determinadas instituições sociais.

Numa direção semelhante argumenta o cientista político Dieter Senghass (1940-), que assume em diversos momentos ideias e argumentos do discurso filosófico. Ele identifica algumas características constitutivas de um estado positivo duradouro de paz (1998): uma interdependência positiva entre Estados vizinhos, uma simetria aproximadora dos Estados, também no que se refere às suas estruturas morais, sociais e políticas, o estabelecimento de múltiplos acordos transversais em planos diversos e a construção de instituições comuns no âmbito da cooperação formal. Se a paz deve ser fomentada no plano global, então todos os atores estão convocados a fomentar em todos os âmbitos tais elementos constitutivos para a paz. A partir de um cruzamento recíproco dos elementos pode desenvolver-se uma cultura política de elaboração construtiva dos conflitos, a qual promove a paz no interior da sociedade e, com isso, também obtém o pressuposto para a paz entre os Estados.

Promover a paz em sentido positivo é uma tarefa de todos os sujeitos globalmente ativos, não apenas dos Estados ou de instituições internacionais. É claro que com isso a paz permanece sempre uma utopia difícil de realizar, sobretudo porque em um mundo complexo e em constante transformação não há instituições que possam implementar plenamente a ordem ou a segurança. Paz significa, por isso, não apenas o término de confrontos armados mas, sobretudo, também a superação de causas de guerra estruturais no sentido de uma construção de estruturas sociais justas.

Filosofia e economia — Ideias de reforma para a Organização Mundial do Comércio (OMC)

A economia mundial é para muitos homens um aspecto importante da globalização. Por isso, é preciso perguntar que conclusões podem ser extraídas dos argumentos filosóficos esboçados na perspectiva de uma ética da globalização e da política mundial para este âmbito. Nesse contexto as consequências se relacionam sobre diversos planos. Em um primeiro passo deverá, pois, ser questionado quais opções políticas resultam relativas à estruturação do quadro institucional da economia mundial. Aqui é importante, sobretudo, olhar para a OMC, que, como visto, é interpretada como um exemplo bem-sucedido de condução global por algumas teorias da globalização. Consideradas em perspectiva moral, essas reflexões estão no âmbito da ética econômica. Como pano de fundo para este tema é recomendado o estudo, posto na base das análises subsequentes, do Grupo Científico de Trabalho para Missões da Conferência Episcopal Alemã sobre o tema "*Comércio mundial a serviço dos pobres*" (WISSENSCHAFTLICHEN ARBEITSGRUPPE... 2006).

A OMC é uma parte central da atual estrutura de instituições geopolíticas. Ela é a instância normatizadora responsável pelas regras do jogo no âmbito do comércio mundial. Desse modo, o objetivo da OMC é, sobretudo, uma promoção do comércio mundial por meio da desconstrução de aduanas e obstáculos ao comércio. Para se poder apresentar uma avaliação moral e política da OMC é preciso primeiro lançar um olhar aos desenvolvimentos fáticos no âmbito do comércio mundial.

Nas décadas passadas é possível registrar um comércio crescente de mercadorias e serviços. Isso vale para todos os países do mundo, embora sejam constatadas claras diferenças, pois os países ricos industrializados fazem funcionar, em face dos países em desenvolvimento, ainda a maior parte do comércio mundial. Todavia, também no interior do grupo dos países em desenvolvimento há diferenças graves.

Além do mais, há diferenças também em relação aos bens que os países trazem ao mercado mundial. Os países em desenvolvimento mais pobres exportam, na maioria, bens primários (sobretudo matéria-prima). É problemático quando países em desenvolvimento são dependentes da exportação de bens particulares no momento em que os preços da matéria-prima oscilam fortemente. Os países industrializados demonstram, ao contrário, na maioria dos casos uma alta variedade produtiva. Muitos de seus produtos manufaturados que são exportados, além disso, dependem de pessoas com boa formação para o seu desenvolvimento e a sua produção, assim como de uma pesquisa altamente eficiente, por meio do que eles se tornam um pouco mais independentes do mercado mundial.

Não apenas as transformações nos âmbitos da telecomunicação e do transporte contribuíram para o crescimento do comércio mundial, mas também decisões políticas, das quais a mais importante foi a eliminação de barreiras comerciais. Nas décadas passadas, sobretudo, as aduanas foram reduzidas, as quais abrigavam os mercados nacionais da concorrência estrangeira.

Essa redução das alfândegas foi decidida após a Segunda Guerra Mundial por meio dos acordos GATT. As rodadas de negociação, que se ligaram a isso, aprofundaram sempre mais esses acordos, até que em 1995 surgiu daí a OMC. Com a fundação da OMC foi iniciada a construção de um abrangente ordenamento geral institucional para toda a área do comércio mundial. Junto ao comércio de bens são contratualmente regulados hoje na OMC também os negócios da prestação de serviços e aspectos de direitos autorais relacionados ao comércio. Questões do comércio mundial são agora esclarecidas no quadro de rodadas de negociações abrangentes. Da perspectiva institucional é digno de destaque o processo de solução de conflitos com o qual disputas comerciais entre países membros da OMC podem ser conciliadas.

Na regulamentação da OMC encontram-se diferentes obrigações e princípios. Um princípio central é o do favorecimento da maioria. Tal princípio evidencia que as vantagens concedidas a um país devem ser sempre mantidas para todos os países-membros. Uma segunda regra fundamental é o tratamento equitativo, que significa que produtos estrangeiros devem ser colocados em situação de paridade com produtos locais. Além disso, os acordos da OMC estabelecem uma reciprocidade na redução de obstáculos às relações comerciais. Fundamentalmente vale a regra de que as alfândegas, na verdade, são permitidas, na perspectiva da finalidade maior da liberalização das relações comerciais, mas, a rigor, devem ser eliminadas.

Independentemente dessa regulamentação institucional do comércio mundial, na qual hoje estão interligados em torno de 150 países, é duvidoso no âmbito do discurso científico e também político sobre a globalização se uma integração no comércio mundial tem efeito positivo *per se* para todos os países, particularmente se levamos em conta os esforços, frequentemente muito difíceis nos países em desenvolvimento, de combater a pobreza de forma eficaz.

Para Desai (como visto) a integração no comércio mundial é um passo necessário se os países mais pobres querem ser beneficiados pelos efeitos positivos de tal comércio. Todavia, muitas análises empíricas do comércio mundial mostram hoje que a integração na economia mundial pode ter efeitos positivos e negativos, especialmente com relação à eliminação da pobreza. A integração na economia mundial pode trazer impulsos positivos para a própria economia e para o aumento do nível de bem-estar. Em muitos países emergentes na atualidade, no Leste da Ásia, a integração na economia mundial, por exemplo, teve uma repercussão muito positiva. Mas os desenvolvimentos atuais mostram também que nem todos os países necessariamente lucram com isso. Muitos países da África, no combate à pobreza, por exemplo, têm um benefício apenas parcial com a integração na economia mundial. Existem muitos Estados e regiões inteiras que permanecem excluídos das possíveis vantagens do comércio mundial. O aumento do bem-estar depende, pois, não apenas da integração no comércio mundial, mas também de muitos outros fatores, como, por exemplo, a variedade produtiva, a formação dos trabalhadores, infraestrutura ou estabilidade política do país.

Deve ser observado acuradamente, portanto, se o crescimento provocado mediante a integração na economia mundial beneficia os países mais pobres. O que análises empíricas mostram é que um fortalecimento do comércio além-fronteiras nem sempre é favorável a todos os grupos no próprio país. No sentido de uma iniciativa *pro-poor-growth* ("crescimento econômico para os pobres"), que desempenha um papel importante no âmbito do Banco Mundial, deve-se perguntar se o crescimento realmente conduz a uma melhora da situação vital dos mais pobres. A partir da perspectiva esboçada da ética da globalização isso seria importante, pois o agir econômico naturalmente não é um fim em si mesmo, mas também deve ser sempre julgado na perspectiva de critérios éticos — por exemplo, tendo em vista o princípio da justiça de necessidade.

Independentemente da questão de se a integração na economia mundial em caso individual, em um país e em seu interior sobre as camadas da população, atua positivamente, também a OMC deve ser submetida a um olhar crítico. A OMC oferece, de um lado, a possibilidade de regrar institucionalmente o âmbito do comércio além-fronteiras de produtos e da prestação de serviços e, com isso, estabelecer uma segurança jurídica para todos os participantes, o que deve ser avaliado positivamente. Se tomamos os critérios de justiça desenvolvidos na ética da globalização para julgar a situação atual da OMC mostra-se, todavia, também uma clara necessidade de ação. Em muitos âmbitos os referidos princípios são considerados apenas de modo insuficiente. Isso evidencia uma necessidade considerável de reforma que, na sequência, deve ser esboçada por meio da referência a princípios de justiça para algumas questões escolhidas.

As chances para um desenvolvimento duradouro para todos os homens deveriam ser distribuídas com o máximo de justiça — conforme a intenção fundamental do princípio de justiça de oportunidades. Todavia, tais chances são hoje efetivamente distribuídas de um modo extremamente diferente conforme o caso de a partir de qual situação social, política e econômica se inicia uma integração na economia mundial. Por isso, conforme o princípio da justiça de oportunidades, deve-se levar em consideração que homens e grupos nos países pobres, excluídos até agora, tenham uma chance maior de participar nos processos econômicos. Seu potencial econômico, frequentemente ignorado, deveria ser, para isso, promovido por meio de um acesso melhorado à formação ou a sistemas de seguridade social.

As oportunidades também são distribuídas de modo desigual, porque o intercâmbio no mercado mundial nem sempre transcorre de modo justo. Chama a atenção especialmente o desprezo do princípio da justiça comutativa no comércio agrário. Na verdade, por enquanto são estabelecidas regras obrigatórias sobre os esforços dos países em desenvolvimento no agronegócio também no interior da OMC; no entanto, esse âmbito ainda mostra claras distorções. Por exemplo, enquanto cerca de 1 bilhão de seres humanos dispõem de menos de 1 dólar por dia para a sobrevivência, cada vaca na Europa é subvencionada com cerca de 3 dólares, conforme Clare Short (1946-), a anterior ministra do desenvolvimento da Grã-Bretanha.

Os países industriais procuram proteger de várias maneiras sua própria economia agrícola, e por isso pouco se pode falar de uma dissolução fundamental das barreiras comerciais para países em desenvolvimento. Mesmo que os países ricos tenham se proposto se movimentar nos próximos anos para isso, ainda existem no momento, como sempre, grandes barreiras comerciais, que dificultam o acesso ao mercado de produtos agrícolas dos países em desenvolvimento. Um problema específico são as regras alfandegárias que se elevam conforme o nível de manufatura, com o que a importação de produtos agrícolas manufaturados dos países em desenvolvimento é claramente dificultada. Além disso, muitos países industrializados subvencionaram consideravelmente a exportação de produtos de sua economia agrícola nos últimos anos, o que igualmente viola o princípio da justiça comutativa. Sempre foi chamada a atenção a este problema pelos países em desenvolvimento, de tal modo que entrementes se chegou a um acordo para uma redução destas subvenções até 2015. Todavia, ainda são de grandes proporções, como sempre, os auxílios para a agricultura, sobretudo nos países industrializados, mas também em alguns países emergentes. Isso contribui para que os produtores nestes países ofereçam seus produtos por preços que, em parte, ficam muito abaixo dos custos de produção.

Tudo isso viola o princípio da justiça comutativa. As distorções da competitividade prejudicam tanto as chances de venda dos países mais pobres como sua produção agrícola para o próprio consumo. Os países industrializados, mas também os países emergentes que, em parte, a partir da perspectiva da justiça comutativa, querem igualmente proteger sua agricultura de modo ilegítimo, deveriam concordar na direção de uma reforma do pacto da OMC sobre o comércio agrário, para uma condição justa.

A primeira meta de desenvolvimento do milênio das Nações Unidas anuncia que a comunidade mundial quer diminuir pela metade até 2015 o número de homens cuja renda é menor que 1 dólar americano por dia. As metas de desenvolvimento do milênio foram estabelecidas em 2000 e, no entanto, até hoje o problema da pobreza não mudou quase nada. Os estrangulamentos sempre emergentes no provimento da alimentação básica no mundo inteiro são um indício claro deste problema. Certamente a liberalização do comércio nos moldes da OMC melhorou as oportunidades para o crescimento e a redução da pobreza em muitos países. Ante o pano de fundo do princípio da justiça de necessidade, a OMC deveria, entretanto, comprometer-se ainda mais do que até agora no combate à pobreza, tal como ele é almejado nas metas de desenvolvimento do milênio. As regras da OMC deveriam ser examinadas especialmente na perspectiva de quanto sua utilidade promove ou emperra o combate à pobreza e a realização do princípio da justiça de necessidade. A OMC poderia, por exemplo, considerar com maior atenção, por meio de análises científicas com este propósito, os efeitos de suas regras sobre as oportunidades dos grupos populacionais mais pobres.

Também em relação ao princípio da justiça procedimental, levando-se em consideração a esboçada ética da globalização, persiste como sempre uma necessidade de ação. Na perspectiva da teoria sistêmica a OMC é tomada, como visto, como um exemplo paradigmático de autocontrole, pois ela consegue, justamente em sua elaboração de experiências negativas (como nas diversas crises financeiras dos últimos anos), estabelecer procedimentos equilibrados para todos os participantes.

Um olhar mais acurado mostra, no entanto, que esse modo de proceder nem sempre é avaliado da mesma maneira pelos participantes. Por isso, nos anos passados a OMC foi também fortemente criticada justamente por considerar demasiado pouco as necessidades dos homens mais pobres. Não por último, por meio de diversos protestos públicos de grupos da sociedade civil, que frequentemente foram organizados de modo paralelo às rodadas de negociação da OMC (de Seattle, passando por Praga até Gênova), chamou-se a atenção para esta injusta prática de negociação no âmbito da OMC. Apesar de os países em desenvolvimento representarem hoje a maior parte dos membros, seu peso político nas negociações ainda é relativamente menor. Frequentemente as decisões mais importantes são tomadas em grupos informais de negociação dos países industriais. Desse modo, os países em desenvolvimento têm apenas a possibilidade de reagir. Isso se deve à carência de pessoal e meios financeiros para, acima de tudo, poder participar da multiplicidade de grupos paralelos de negociação e apresentar posicionamentos fundamentados para conteúdos complexos de negociações. Por esse motivo, na maioria das vezes, são os acordos de delegações bem aparelhadas dos países mais poderosos que determinam os processos de decisão. Isso demonstra a importância do princípio da justiça procedimental que exige a transparência e a participação autêntica de todos os países.

Com o modelo *global governance* já apontou-se para o significado da publicidade para a legitimação de decisões políticas na época da globalização. Isso vale também para procedimentos da OMC. Os grupos da sociedade civil deveriam, portanto, ser conectados com mais força, também para melhorar a posição dos países em desenvolvimento nas negociações. Muitas organizações não governamentais dispõem não apenas de competência científica e estabelecida em rede internacional, mas também de contato direto com os pobres, de modo que elas poderiam oferecer uma contribuição importante para a orientação da OMC quanto à pobreza e ao desenvolvimento. Dever-se-ia utilizar esse conhecimento na medida em que se possibilita a eles também tomar posição em processos oficiais da OMC, como aqueles voltados à resolução de conflitos. Por meio disso, tais processos poderiam ser melhorados significativamente numa perspectiva ética e os países pobres poderiam ter uma voz mais elevada no concerto da política.

Além disso, de modo correspondente à exigência de um cruzamento de universalismo e particularismo parece razoável e importante, nas negociações da OMC, não se procurar exclusivamente por regras universalmente válidas. As diferentes condições do ponto de partida dos países no mundo inteiro sugerem muito mais a conclusão de que em determinados casos tais regras universais deveriam permitir também exceções para serem justas exatamente com situações particulares. Trata-se aí de regras de procedimento que são justas com a circunstância de que alguns participantes no comércio mundial são claramente mais fracos do que outros.

Com base nesta precária condição inicial dos países em desenvolvimento (por exemplo, em virtude da ausência de infraestrutura ou da instabilidade política) poderiam ser justificados tratamentos preferenciais em regras particulares na OMC. Assim, exceções ao princípio do favorecimento da maioria poderiam contribuir para maior justiça de oportunidades para países economicamente fracos. A possibilidade de tais tratamentos preferenciais já foi por isso consolidada na OMC; entretanto, até o momento, eles melhoram as oportunidades dos países pobres apenas em parte. Isso não reside apenas no fato de que eles sejam em parte insuficientemente adequados aos problemas reais dos países em desenvolvimento, mas também no fato de que em alguns casos se cometem abusos pelos países industrializados para fins políticos, para impor exigências em outros âmbitos. Além disso, falta uma divisão diferenciada dos países segundo situação de desenvolvimento e possibilidades econômicas. Já uma divisão melhorada poderia ajudar a adaptar tratamentos preferenciais efetivamente a situações correspondentes, reduzir a pobreza e inaugurar uma integração razoável no comércio mundial para os países em desenvolvimento mais pobres.

Tal procedimento diferenciado seria igualmente desejável para a liberalização do comércio com a prestação de serviços. Também neste campo não apenas as diferentes condições iniciais dos países devem ser observadas, mas também devem ser levados a sério os temores dos países em desenvolvimento de que a mão de obra doméstica disponível rapidamente pode ser reprimida por meio da concorrência estrangeira do mercado (por exemplo, no fornecimento de bens primários como água e energia). Por outro lado, não é ilegítima a preocupação de que a desregulamentação do setor da prestação de serviços obstrui o próprio espaço de ação política, como talvez no assegurar o fornecimento de bens primários como a água.

A estruturação política da OMC nas direções esboçadas seria um primeiro passo na perspectiva da chamada ética da globalização. Com certeza isso não é suficiente para enfrentar politicamente problemas econômicos. Por esse motivo, ao lado da OMC devem também ser incluídos todos os outros atores geopoliticamente relevantes nesse processo de reforma.

Com isso, naturalmente, também os Estados são interpelados, em suas decisões políticas, a colocar os fundamentos para uma política econômica voltada para a pobreza. Especialmente países em desenvolvimento são desafiados a promover um crescimento, por meio de decisões políticas internas correspondentes, que seja amplamente eficaz e favorável também para os mais pobres. O fortalecimento de uma boa condução de governo (*good governance*), no sentido de uma defesa dos direitos humanos, de uma ampliação do estado de direito, assim como a promoção da participação seriam passos importantes para melhorar as condições iniciais de participantes do mercado menos favorecidos. A construção de um sistema de controle justo e operante é, numa linha política, tão importante quanto a construção de uma infraestrutura que funciona (começando pelos meios de transporte até uma administração eficiente). Sistemas de seguridade social e investimentos em seres humanos (alimentação, saúde, educação) ajudam o crescimento, que pode surgir por meio de uma integração no comércio mundial, a realizar-se de modo amplamente efetivo e orientado para o bem comum.

Mas também os países industriais são desafiados a se confrontar com as condições modificadas e colocar a caminho as correspondentes adaptações estruturais. É contraditório e indigno de credibilidade quando países industriais apresentam exigências políticas externas cujo atendimento eles mesmos impedem consideravelmente. Desse modo, o alto endividamento de muitos países em desenvolvimento, por exemplo, só poderá ser diminuído — como exigido pelos credores — se, no mínimo, ele for parcialmente eliminado ou então se for dada aos países devedores a oportunidade de obter as divisas para poderem dar conta de seus compromissos com pagamentos. Mas a maioria deles precisa obter as divisas necessárias, sobretudo, por meio de excedentes do comércio e, na verdade, predominantemente diante de países industriais, que também são seus principais credores. Quando estes erguem então limites comerciais e subvencionam seus próprios produtos de exportação, a frequentemente exigida diminuição do endividamento para uma parte dos países em desenvolvimento é, por razões econômicas, impossível, de modo que a exigência de dar conta dos compromissos de pagamento é eticamente pouco justificável.

Semelhantes formas de adaptação estrutural conduzem a transformações consideráveis também nos países industriais, e por isso com certeza se impõem com muita dificuldade contra as resistências dos empreendimentos e forças de trabalho no ramo de produção atingido. Tais resistências são, ao menos parcialmente, bem compreensíveis, na medida em que essas reformas podem tornar mais agudos os problemas internos do país se, por exemplo, os auxílios do governo para setores econômicos não mais capazes de competir são cortados. Da perspectiva de uma ética de globalização não é, todavia, defensável que os países industriais resolvam seus problemas trabalhistas à custa das oportunidades de desenvolvimento dos países mais pobres. A perspectiva cosmopolita chama a atenção para a questão de que não se trata apenas do bem-estar humano de sociedades particulares, mas do bem-estar de todos os seres humanos no mundo inteiro.

A economia mundial globalizada, certamente, torna aguda, com isso, a problemática trabalhista nos países industrializados. Uma liberalização progressiva do comércio mundial vai conduzir possivelmente à migração de outros setores econômicos, o que torna imperioso descobrir e utilizar de modo inovador outros campos de produtos. Para isso é necessário (como nos países em desenvolvimento), por exemplo, um fortalecimento do potencial humano, porque as oportunidades de êxito do trabalho pouco qualificado tendem a piorar por meio da globalização. Investimentos fortalecidos na educação e na pesquisa são pilares centrais para uma política estrutural bem-sucedida.

Com isso estão esboçados alguns aspectos importantes para a reforma da OMC que resultam, sobretudo, a partir da ética da globalização. Um objetivo político central na perspectiva do comércio mundial será, acima de tudo, promover uma estruturação política cooperativa por meio da conexão de diferentes atores e tentativas de controle.

Porém, a estruturação política desafia não apenas as instituições, mas todos os envolvidos. Por isso é que se deve olhar para outros atores no âmbito da economia mundial. Nesse contexto as empresas transnacionais desempenham um papel importante. Por essa razão será lançado um olhar específico sobre esses atores principais no campo da economia. Deve ser especialmente analisado aí de que modo eles se inserem no processo da globalização e quais impulsos podem oferecer na estruturação de processos globais.

Responsabilidade de empresas transnacionais

Empreendimentos estão sempre em um campo de tensão fundamental: de um lado seu objetivo é alcançar o lucro e se possível aumentá-lo. Mas, de outro lado, as empresas estão sempre ligadas às sociedades e são, com isso, parte de uma comunidade moral. Mas como pode tal relação ser determinada por uma lógica econômica e moral? Encontra-se ela numa relação de contradição ou talvez de complementaridade?

De um ponto de vista filosófico tais questões caem no âmbito da ética empresarial. Como parte da ética econômica discute-se neste campo como o comportamento empresarial deve ser avaliado moralmente. Naturalmente com isso também se reflete sobre os efeitos das condições modificadas (mundial e) socialmente sobre o comportamento das empresas e como este deve ser avaliado da perspectiva da ética. Ponto de partida para isso é também, neste campo, a observação de que na perspectiva global a sociedade mundial é influenciada por um sem-número de atores. Empresas, especialmente aquelas atuantes globalmente, pertencem a esse círculo de atores transnacionais. Se esta observação está correta deve-se questionar se com isso as empresas também têm uma responsabilidade especial como atores globais — ou seja, como "cidadãos globais". A resposta à pergunta sobre a responsabilidade social é, por isso, um tema importante para todos os empreendimentos globais.

Essa responsabilidade social das empresas será caracterizada de modos diferentes dependendo das diferentes pressuposições filosóficas que se adotar no ponto de partida. Pode-se hoje fundamentalmente distinguir, sobretudo, duas grandes linhas de argumentação no âmbito da ética empresarial. Esses dois tipos de ética empresarial são, na verdade, frequentemente mesclados, mas para se obter clareza eles devem aqui ser diferenciados um do outro como dois tipos ideais.

O primeiro enfatiza a lógica econômica e a atividade da empresa. O objetivo da empresa é maximizar o lucro. As empresas agem, por isso, sempre segundo seu próprio interesse. A conclusão do julgamento moral é: também por razões morais esse seguir interesses próprios é a melhor estratégia possível, porque ela traz consigo o máximo de vantagens para todos os participantes. Quando as empresas maximizam seu lucro, isso também traz as melhores consequências para a sociedade (por exemplo, a conquista de mais postos de trabalho) — eis a tese. A responsabilidade social é, em última instância, reduzida à consecução dos próprios interesses. Tudo o que ultrapassa essa lógica dos próprios interesses parece não justificável dessa perspectiva. Mesmo o diálogo com outros grupos sociais interessados sobre os efeitos sociais do empreendimento só é necessário lá onde ele se insere na lógica do interesse próprio.

A outra linha da ética empresarial toma essa compreensão de responsabilidade claramente como muito abreviada. Comportamento moral e lógica econômica não podem ser entendidos como uma única coisa — esta é a crítica principal. Isso se mostra, por exemplo, no fato de que as empresas já contam com serviços e concessões sociais prévios, mas nos quais, no fundo, elas não têm um interesse real de se engajar. Assim, as empresas ganham, na verdade, do fato de que uma sociedade coloque pessoas com boa formação no mercado de trabalho e que esta mão de obra potencial possua determinadas qualidades, como capacidade de trabalhar em equipe. Todavia, como mostra o debate em torno de vagas no mercado de trabalho nos anos passados, um investimento das empresas neste serviço prévio é apenas condicionado pelos interesses próprios das empresas.

Um outro exemplo é a questão de um ambiente despoluído. Um empreendimento só pode ter êxito econômico se o ambiente dos que trabalham e dos que consomem, de algum modo, não é prejudicado. Tais condições prévias são caracterizadas no discurso atual sobre globalização frequentemente como bem público global. Bens como um ambiente despoluído ou uma vida coletiva pacífica são desfrutados não apenas por indivíduos cidadãos, mas também e sobretudo pela comunidade mundial como um todo. Todavia, engajar-se ativamente em favor destes bens preexistentes é explicável apenas de modo condicionado, desde uma pura lógica econômica. Talvez isso seja razoável lá onde as organizações não governamentais exercem a crítica pública, para evitar perdas financeiras para a própria empresa. Mas, quando se toma a lógica dos próprios interesses como único critério de avaliação, parece de fato, além disso, ser razoável para a empresa não se engajar neste âmbito desmesuradamente.

A indicada ética da globalização e uma compreensão da política mundial inclinada ao modelo da *global governance* advogam em favor da segunda linha de argumentação. Nesse sentido, é razoável e importante enfatizar que não é apenas tarefa do Estado zelar pelos bens públicos globais, mas tal exigência se coloca para todos os atores sociais. Subjacente a isso está a exigência de que todos os atores globais deveriam levar em consideração também a sociedade como um todo; isto é, numa formulação ética: deveriam levar em consideração o bem-estar coletivo mundial. Por isso, também as empresas transnacionais são compreendidas como cidadãs do mundo. Na medida em que elas fazem uso dos bens preexistentes da sociedade mundial, elas também estão, ao mesmo tempo, obrigadas para com o bem dessa sociedade. O objetivo de uma ética empresarial entendida nestes termos é, portanto, promover formas de cooperação e procedimentos por meio dos quais a empresa possa observar sua responsabilidade social em conjunto com outros atores.

Peter Ulrich (1948-) argumenta, com uma ética empresarial inspirada em Habermas, em favor de um entendimento comunicativo de todos os envolvidos nos processos econômicos. Com isso ele quer objetivar que também o agir econômico necessita ser sempre alcançado comunicativamente. Por esse motivo, os envolvidos devem ser incluídos no discurso sobre as implicações normativas do agir econômico. Para tanto, necessitam ser construídos instituições e procedimentos apropriados nos quais ao lado das empresas devem ser integrados também representantes da sociedade civil, da política ou da ciência.

Esta visão vale tanto para o plano das sociedades constituídas nacionalmente por Estados como, de modo especial, para o plano global. Poder-se-ia dar um passo além e afirmar que em relação à globalização é exigida reiteradamente e de modo especial uma responsabilidade social das empresas. Na medida em que as condições sociais, trabalhistas e ambientais de cada contexto são diferentes e para este âmbito existe apenas um incipiente complexo global de instituições, a responsabilidade social das empresas em escala global é mais questionada do que nunca. Naturalmente, as empresas também têm um interesse próprio legítimo em se posicionar com isso no contexto global da melhor forma possível. Mas o ponto alto da segunda linha apresentada da ética empresarial é que uma fundamentação moral que se apoia unicamente sobre os interesses próprios da empresa compreende muito pouco para uma relação abrangente e duradoura com as exigências globais.

Uma responsabilidade assim entendida das empresas como cidadãs globais mostra-se hoje já presente em diferentes campos. Um exemplo é a discussão em torno dos assim denominados padrões social e ambiental[1]. Tais padrões atuam além de uma lógica jurídico-estatal como orientação moral para as ações das empresas transnacionais. Padrões sociais são, por exemplo, a proibição do trabalho forçado, o combate à exploração do trabalho infantil, a não discriminação no local de trabalho ou a liberdade de associação dos trabalhadores. Padrões ambientais referem-se, em contrapartida, ao aspecto da sustentabilidade ecológica nas atividades empresariais.

Padrões sociais e ambientais convertem-se hoje em diferentes formas no mundo inteiro. Primeiro a multiplicidade de catálogos de valores fundamentais vinculantes, linhas diretrizes ou códigos que as empresas estabelecem para si mesmas. A empresa da indústria química BASF desenvolveu, por exemplo, um catálogo de valores fundamentais que se compõe a partir de seis elementos: êxito duradouro, inovação a serviço dos clientes, segurança/saúde/proteção ambiental, competência intercultural, respeito recíproco, isto é, diálogo e integridade. No plano global há uma infinidade de tais códigos, que compreendem a responsabilidade social como auto-obrigação das empresas e mantêm estas em suas próprias linhas diretrizes.

Ao lado disso, porém, existe um grande número de iniciativas e organizações nas quais várias empresas se unem em favor de um nível comum a todos. Na maioria das vezes também outros atores da sociedade civil ou da política são integrados em tais iniciativas. Trata-se de um trabalho coletivo e cooperativo para o fortalecimento e a realização dos padrões social e ambien-

1. No original o autor emprega o conceito de "Sozial- und Umweltstandards", correspondente à versão inglesa de Social and Environmental Standards. (N. do T.)

tal. Também aqui assenta-se majoritariamente sobre o elemento da auto-obrigação. Um dos exemplos mais conhecidos para tal iniciativa é o Pacto Global das Nações Unidas.

Existem também, para além do que foi mencionado, esforços para ancorar os padrões social e ambiental no plano dos contratos internacionais e do direito dos povos. As normas centrais de trabalho da Organização Internacional do Trabalho (OIT) são um exemplo destacado disso. Tais acordos juridicamente vinculantes caminham até o momento somente devagar, especialmente também porque as empresas, em sua maioria, rejeitam o caráter obrigatório. Também não está esclarecido em que medida empresas transnacionais em geral podem ser interpretadas como sujeitos de direito. Se este fosse o caso, isso teria naturalmente consequências consideráveis para a possibilidade de denúncia ou penalização de empresas em casos de violação dos correspondentes padrões social e ambiental.

Considerado sem perspectiva moral, os padrões sociais e ambientais estão em um campo de tensão: de um lado, na terminologia de Walzer, eles cresceram a partir de uma tradição da moral (forte) da Europa e da América do Norte. Por outro lado, eles se convertem hoje, mais e mais, em expressão de uma moral global (minimalista). No entanto, tais padrões, enquanto moral minimalista, não são isentos de polêmica, pois eles não são tão acessíveis intuitivamente, como é o caso de outras normas da moral minimalista. Não obstante, eles são a tentativa de uma ênfase na universalidade na época da fragmentação global. Esses padrões oferecem, no sentido de uma teoria sistêmica, a possibilidade de estimular sistemas mundiais a observar e considerar as próprias condições de suas relações tanto em relação aos seus contextos sociais como aos seus efeitos recíprocos com relação a outros sistemas mundiais. O núcleo normativo está na civilização das próprias atividades. Padrões sociais e ambientais são justamente um estímulo para a reflexão. Auxiliam os sistemas a compreender que eles não podem agir fora do contexto, mas que devem atentar tanto para os homens que trabalham nas empresas como para o ambiente como pressupostos intransponíveis.

Mas, ao mesmo tempo, padrões sociais e ambientais cumprem também importantes funções internas das empresas, que, no mínimo, parcialmente também são capazes de se conectar com a lógica dos interesses próprios das empresas. Assim, eles representam, por exemplo, um modelo da organização da comunicação para empresas. Empresas que agem além-fronteiras desenvolvem-se em estruturas complexas. Quanto maior é uma empresa, tanto mais complexas são suas estruturas de decisão e organização. A empresa é, por isso, desafiada a desenvolver estratégias para elaborar comunicativamente essa complexidade.

Padrões sociais e ambientais dão às empresas um marco referencial de orientação para sua comunicação interna em um duplo sentido. Por um lado, as empresas grandes e complexas são dependentes de um aparato com o qual a comunicação interna pode ser organizada. Um catálogo de valores fundamentais oferece à empresa uma orientação para a comunicação interna. Mas, por outro lado, os padrões sociais e ambientais servem para auxílio na orientação para o externo. Numa economia globalizada as empresas são expostas em grande escala a muitos desconhecidos; por exemplo, é difícil avaliar como decisões empresariais isoladas são interpretadas por outros atores sociais. Os padrões reduzem esse risco. Quando uma empresa faz desses padrões suas diretrizes de ação e as realiza, as reações dos grupos sociais são calculáveis. Desse modo, as pretensões desses grupos para com a empresa podem ser elaboradas internamente de modo mais rápido.

As razões internas e externas indicadas esclarecem por que as empresas se colocam a favor de tais padrões. Para poder captar as chances e os limites de iniciativas empresariais abrangentes para padrões sociais e ambientais, novamente em um exemplo concreto, o olhar deve ser direcionado para uma iniciativa concreta global e, na verdade, para o Pacto Global. Este Pacto de empresas transnacionais tem como objetivo explícito o fortalecimento da responsabilidade social. Como um novo instrumento de condução, ele foi discutido intensivamente, sobretudo no âmbito científico. Uma análise do Pacto Global é vantajosa para que se possa pronunciar concretamente a questão acerca da condução da globalização no campo concreto da responsabilidade empresarial.

Ponto de partida do Pacto Global foi um discurso de Kofi Annan (1938-), o anterior secretário-geral das Nações Unidas, no Fórum Econômico Mundial em Davos, em 1999. Lá ele convidou executivos de empresas transnacionais, líderes sindicais internacionais e representantes da sociedade civil, sob a liderança do secretário-geral das Nações Unidas, a aderir a uma iniciativa comum pelos padrões sociais e ambientais. A iniciativa consiste hoje em dez princípios:

> *Direitos humanos*
>
> Princípio 1: As empresas devem observar e apoiar a proteção dos direitos humanos reconhecidos internacionalmente no interior de seu âmbito de influência e

Princípio 2: assegurar para que não se tornem coniventes com a violação dos direitos humanos.

Normas de trabalho

Princípio 3: As empresas devem preservar a liberdade de associação e o reconhecimento efetivo do direito a negociações coletivas, assim como atuar pela

Princípio 4: eliminação de todas as formas de trabalho forçado,

Princípio 5: pela abolição do trabalho infantil e

Princípio 6: defender a eliminação da discriminação no local de trabalho.

Proteção ambiental

Princípio 7: As empresas devem promover uma iniciativa preventiva na relação com problemas ambientais,

Princípio 8: assumir iniciativas para propiciar uma maior conscientização da responsabilidade pelo meio ambiente e

Princípio 9: fomentar o desenvolvimento e a ampliação de tecnologias ecologicamente corretas.

Combate à corrupção

Princípio 10: As empresas devem combater todas as formas de corrupção, inclusive chantagem e suborno.

No mundo inteiro cerca de 4.500 empresas já são associadas ao Pacto Global — junto com sindicatos internacionais, associações de empregadores e organizações não governamentais. Informações sobre os princípios, os participantes e o trabalho da iniciativa encontram-se na internet, no endereço <http://www.unglobalcompact.org>.

A participação no Pacto Global contém diversos elementos. A base é o reconhecimento dos dez princípios pelas empresas. Com isso elas se obrigam à realização dos princípios em suas atividades e à promoção dos objetivos em seus projetos individuais. Um diálogo sobre a realização, isto é, sobre a observação dos dez princípios na empresa é justamente uma possibilidade para isso, como a integração através dos princípios fundamentais na prática gerencial ou acordos sobre metas. O órgão principal de publicação da iniciativa é a página da internet, na qual as empresas participantes, no mínimo uma vez ao ano, apresentam seus projetos.

O objetivo político da iniciativa é, por meio do instrumento da auto-obrigação e do diálogo comum, fortalecer direitos fundamentais. Por meio da conexão de atores globais como empresas, associações de empresas, sindicatos e grupos da sociedade civil deve ser levado adiante um intercâmbio sobre problemas globais, assim como iniciativas de solução construtivas. Nesse sentido, os dez princípios não se compreendem explicitamente como regulamentação jurídica. Por isso, não há uma vigilância dos membros e também apenas medidas parciais de sanção em caso de alguma infração contra os princípios.

Para a empresa a participação pode trazer diversas vantagens. Da perspectiva de uma ética empresarial orientada por interesses próprios, a iniciativa pode ser benéfica para a empresa para se posicionar como empresa social ou eficaz ante os concorrentes. Se se relata sobre uma empresa em um lugar exposto, em tempos de fundos de ação duradouros e do índice de durabilidade da Dow Jones, isso pode ter consequências positivas para a empresa. Além disso, as empresas têm certamente — ao menos em parte — também um interesse político, porque elas podem com isso coestruturar ativamente as discussões na ONU.

As avaliações do Pacto Global, consideradas em seu conjunto, são diferenciadas. Especialmente nos Estados Unidos as organizações não governamentais foram e são em grande parte criticamente posicionadas. Muitos oponentes da globalização temem uma infiltração das Nações Unidas. Como as companhias podem fazer uso da logomarca das Nações Unidas, como sinal da responsabilidade coletiva, alguns grupos temem que a ONU abra mão de seu papel de protetora neutra dos direitos humanos e venda-se. E como não há quase nenhum mecanismo de vigilância e de punição também não pode ser dada nenhuma garantia de que apenas empresas que não desrespeitem os padrões sejam aceitas na iniciativa.

Mesmo que a ONU possa e queira controlar, isto é, sancionar o comportamento das empresas apenas muito limitadamente, parece já existir no interior da iniciativa processos de regramento indireto. Evidencia-se, sobretudo, que algumas empresas se tornaram ativas elas mesmas para exigir medidas de sanção. Elas temem pela imagem do Pacto Global e querem, por isso, mecanismos mais efetivos. Com isso, organizações não governamentais passam a ser, na referência pública, antes de mais nada, a ovelha negra, o que nos anos passados sempre foi causa de furor.

Tanto do lado do Estado quanto do da sociedade civil, o Pacto Global é na Europa aceito majoritariamente como positivo. O antigo secretário de Estado no Ministério das Relações Exteriores Wolfgang Ischinger (1946-) enfatizou na fase de fundação do Pacto Global: "Por meio da atenção às normas dos direitos humanos e de padrões mínimos sociais as empresas podem exercer funções exemplares lá onde os direitos humanos e as determinações jurídico-sociais e trabalhistas ainda não atingiram nossos padrões. Isso vale também na perspectiva da preservação das bases vitais naturais". Muitas organizações não governamentais europeias também veem em grande parte vantagens numa cooperação entre ONU, empresas e sociedade civil.

Da perspectiva do modelo da *global governance* o Pacto Global mostra-se como uma busca inovadora por soluções cooperativas de problemas globais. As empresas são levadas a sério como atores em processos globais, e seu engajamento e suas possibilidades de influência são tornados transparentes e refletidos. Com certeza tal iniciativa nunca poderá resolver problemas globais como a desigualdade social no âmbito da vida do trabalho. O Pacto Global também não irá dar um rosto humano à economia *per se*. O agir econômico, a defesa dos direitos humanos e a proteção ambiental não coincidem automaticamente, mas podem ser gradativamente postos em conexão uns com os outros.

Entre outras coisas, nas considerações sobre a condução jurídica da globalização já fora feita a menção aos limites de um modelo de política global orientado ao Estado nacional. Talvez os padrões sociais e ambientais possam justamente por isso assumir uma função importante na perspectiva global, porque eles se adaptam à dinâmica e à complexidade do direito. Desse modo, o Pacto Global não procura ser um instrumento jurídico análogo ao direito público tradicional, mas instalar um momento de ordenação flexível na administração da desordem, que assenta sobre uma solução cooperativa.

Em sua concepção momentânea, tanto o Pacto Global como os códigos de conduta visam a uma promoção de responsabilidades globais. Tal inclusão de outros atores na discussão em torno de padrões globais é digna de louvor. Quanto mais relações globais tornarem-se conscientes e estruturas políticas crescerem juntas, tanto mais serão certamente também estabelecidas determinações jurídicas. Essa é uma tarefa principal da ONU, a qual ela, também no futuro, não deve perder de vista. O Pacto Global pode, nessa perspectiva, ser interpretado como um estágio prévio de uma constituição empresarial mundial.

Naturalmente é necessário levar em consideração que, por meio de iniciativas como o Pacto Global, esforços civis para a preservação dos direitos humanos ou para a proteção do ambiente não serão postos para baixo ou impedidos. Momentaneamente é razoável, entretanto, fortalecer os direitos humanos e a proteção ambiental com instrumentos do diálogo e da autorresponsabilização. Não por último porque graças a isso os atores serão transformados por uma coerção interna e não apenas externa. Enquanto tais iniciativas incluírem novos atores publicamente no processo da formação de estruturas globais e a dinâmica própria dos participantes for utilizada para o fortalecimento dos direitos humanos, tais instrumentos de condução poderão ter plenamente efeitos positivos.

Solidariedade global por meio da comunicação universal?

Os atuais desenvolvimentos no âmbito da tecnologia da informação e das comunicações são tanto pressupostos importantes quanto bases fundamentais da globalização. Todo o ano surgem novas técnicas de comunicação no mercado, por meio da internet abrem-se possibilidades de informação antes jamais imaginadas, e também meios de comunicação clássicos como jornal, rádio e televisão amplificam seu potencial consideravelmente. Todos esses são sinais da crescente avalanche das possibilidades de informação, que são parte de um sistema de comunicação universal.

Justamente as comunicações globais também são, no entanto, bem outra coisa que processos claramente classificáveis. A complexidade das conexões e a diferença dos atores que se comunicam relativamente à sua linguagem e aos seus pressupostos culturais sempre formam processos de comunicação extremamente multidimensionais. Por isso também fazem parte no cotidiano desse âmbito dificuldades de entendimento e mal-entendidos. Além disso, a comunicação é, exatamente, também no plano global, na maior parte das vezes muito fugaz, razão pela qual as análises e explicações também sempre esbarram em limites.

A comunicação universal deve, por isso, ser interpretada como uma forma complexa e extremamente dinâmica de intercâmbio recíproco. As novas possibilidades técnicas de comunicação não apenas elevam a complexidade das relações, mas também oportunizam a possibilidade de se tornar consciente desse intercâmbio.

Ante este panorama da esboçada filosofia da globalização parece legítima a pergunta sobre como devem ser classificados ou avaliados eticamente os desenvolvimentos no setor da comunicação e da informação. Fundamentalmente esses desenvolvimentos representam um elemento importante da viabilização de redes globais. Através disso elas podem promover também um sentimento de proximidade global. As novas conquistas técnicas oferecem a possibilidade em muitos casos concretos (na perspectiva de Rorty) de, por meio do intercâmbio intercultural, desenvolver uma sensibilidade para as experiências de felicidade e de sofrimento de outros grupos populacionais. Por meio de um diálogo intercultural sobre isso pode ser despertado não apenas o interesse recíproco, mas também a solidariedade universal de parte a parte. A questão é se tais possibilidades de fato são utilizadas de modo eficaz e quais problemas surgem por meio das novas formas do intercâmbio global da informação. Quatro relações de tensão centrais desempenham aqui um papel importante:

(a) Construção do saber global *versus* abismo digital: o significado do saber para a influência sobre processos globais é crescentemente reconhecido. Um saber em conexão sobre relações complexas é muito mais importante do que um saber detalhado isolado. Aquele saber compreende também um poder social, na medida em que com ele processos podem ser influenciados e formados. Na análise de empresas transnacionais já se apontou para o significado da organização do saber na era da globalização.

As novas conquistas técnicas possibilitam fundamentalmente uma comunicação cientificamente orientada para todos os cidadãos do mundo. Por meio de satélites, STMU (Sistema de Telecomunicações Móveis Universais) ou técnicas da internet informações na paisagem midiática global podem ser buscadas e recebidas por todas as pessoas. Pode surgir aqui a comunicação universal do saber. Com ela as pessoas podem emancipar-se de seus próprios preceitos sociais, formar um saber próprio e dar a conhecer sua posição através dos novos canais de comunicação. As possibilidades de um autodesenvolvimento promovem, no plano privado, a formação do próprio projeto de vida; no âmbito público informações sobre as condições sociais podem ser difundidas ou também a solidariedade entre diferentes grupos pode ser promovida.

No entanto, esse processo está submetido a duas restrições: primeiro, o intercâmbio universal do saber experimenta uma distorção, já que o saber, em grande parte, é difundido pelos meios de comunicação de massa. Por isso esse saber é, com frequência, selecionado segundo os interesses do respectivo provedor. Segundo, em virtude de uma distribuição desigual das possibilidades técnicas, a apenas uma parte reduzida da comunidade mundial é possibilitado o acesso a essa comunicação cientificamente orientada. O abismo entre Norte e Sul encontra sua correspondência no assim denominado abismo digital. A atual difusão do telefone evidencia de forma impressionante esse abismo digital. Conforme os levantamentos do *Relatório sobre o desenvolvimento humano de 2007* havia no ano de 2005 nos países em desenvolvimento, em média, 130 linhas telefônicas para cada 1.000 habitantes, enquanto, em contrapartida, havia nos países industrializados muito mais de 500 linhas para cada 1.000 habitantes. Ainda mais clara se torna a diferença quando se olham mais uma vez, de modo acurado, as diferenças dos países em desenvolvimento: na região muito pobre da África (ao sul do Saara) não havia nem mesmo 20 linhas para cada 1.000 habitantes.

Os novos progressos técnicos viabilizam, portanto, fundamentalmente a aquisição e o intercâmbio do saber em estruturas globais para todos os homens. Uma sensibilidade recíproca desenvolve-se a partir daí, mas apenas de modo condicionado, porque as informações são pré-selecionadas e o abismo digital impede uma participação de todos nessa comunicação.

(b) Bênção *versus* maldição da internet: entre as novas conquistas técnicas, a internet oferece com certeza uma das melhores possibilidades para a construção de uma comunicação orientada para o conhecimento — essa é a tese frequentemente defendida hoje. Graças ao intercâmbio de informações via internet, também o diálogo intercultural pode ser promovido, não só porque aqui as informações são menos selecionadas, mas também porque a comunicação pode ser estabelecida de forma rápida e simples. Positiva é também a influência que a internet pode exercer sobre estruturas políticas de poder. A internet oferece muitas possibilidades por meio das quais os oprimidos podem dar a conhecer sua opinião e denunciar situações de miséria. Assim ela é, em muitos países, uma ferramenta importante para a difusão de mensagens críticas sobre o governo. Por isso, em muitos países ditatoriais os cafés com internet são seguidamente fechados ou neles são instalados filtros para reprimir manifestações políticas indesejáveis. A invisibilidade da internet, todavia, dificulta ao menos parcialmente tal obstrução intencional da informação. Como mostra o debate sobre a globalização, organizações não governamentais e cidadãos politicamente ativos podem unir-se por meio da internet e coordenar suas ações.

Em contrapartida a tais aspectos positivos, todavia, são impulsionados através da internet também desenvolvimentos que não necessariamente servem para o diálogo construtivo sobre problemas globais, pois não apenas a sociedade civil, mas também as facções criminosas podem difundir pela internet os seus conteúdos. Os inúmeros *websites* com conteúdos racistas são apenas um exemplo disso. Mas também no âmbito econômico podem surgir prejuízos consideráveis por meio de ataques de vírus ou grandes espionagens infiltradas na economia da sociedade.

Ademais, o abismo digital entre países ricos e pobres persiste também nesse meio. O número de usuários da internet no mundo inteiro o comprova claramente. Novamente, no *Relatório sobre o desenvolvimento humano de 2007* encontram-se dados referentes a isso: em 2005, enquanto nos países industrializados ricos mais de 50% da população eram usuários ativos da internet — tendência que aumenta velozmente —, nos países em desenvolvimento tais usuários eram apenas 10% no total, na África (ao sul do Saara) nem mesmo 3% da população. Especialmente os países mais pobres permanecem, portanto, ainda excluídos da comunicação via internet no mundo inteiro.

Para além disso permanece questionável se graças à internet surge efetivamente um espaço intercultural de comunicação em rede ou se esse espaço reflete apenas as estruturas regionalmente limitadas do mundo da vida, pois também na internet, na maioria das vezes, as comunidades locais de comunicação apenas se reproduzem em novas formas. Os diversos fóruns locais, em plataformas *on-line*, parecem ser um comprovante disso.

Também o julgamento das possibilidades da internet na perspectiva de uma solução construtiva dos problemas globais resulta, a partir daí, ambivalente. A internet oferece muitas oportunidades para a promoção de um diálogo intercultural e de um sentimento de solidariedade recíproco. Mas tais oportunidades não são esgotadas unicamente pela disponibilidade de sistemas técnicos; essas estruturas precisam ser formadas conscientemente para poderem realizar esses objetivos.

c) Poder *versus* impotência dos consumidores: da quantidade de informações, cada consumidor escolhe hoje aquilo que lhe interessa. Quando o produto midiático não corresponde, o telespectador troca de canal ou o leitor de uma revista não a compra mais. Na esteira de uma paisagem midiática orientada para o comércio, as cifras das vendas e os pontos da audiência têm um significado central para a mídia. Programas com baixa pontuação de audiência logo desaparecem da grade de programação, sobretudo porque os que oferecem o serviço da mídia não conectam um público de novos clientes e interessados significativo às empresas que veiculam anúncios. A veiculação desses programas é, por isso, pouco lucrativa. A decisão a favor ou contra um determinado produto midiático dá ao consumidor, portanto, um certo poder.

É duvidoso, no entanto, quanto é realmente abrangente esse poder dos consumidores na era da globalização. Os consumidores são naturalmente uma pequena parte da sociedade, na qual sua decisão isolada não muda muita coisa. Os discursos predominantes que se refletem nos produtos da mídia são, além do mais, tão fortes em certa medida que para os consumidores individualmente considerados emanciparem-se deles é necessária uma despesa considerável. No fundo, apenas decisões coletivas podem impulsionar uma transformação visível.

Tal decisão coletiva por um agir solidário no plano global pode ser observada, na maioria das vezes, apenas em decorrência de catástrofes extraordinárias, quando estas foram espetacularizadas pelos meios de comunicação. Mas, em lugar de jogar luz sobre as causas de um evento, tais acontecimentos são quase sempre tratados de forma dramática, e assim as circunstâncias reais da vida aparecem apenas raramente. Ademais, os meios de comunicação, por sua orientação comercial, promovem um fluxo de informação recíproca apenas de modo condicionado para certos grupos de relacionamento. Como uma grande parte da população mundial enquanto grupo consumidor é de pouco interesse, ela tem poucas possibilidades de influência na formação dos conteúdos midiáticos.

d) Justiça como princípio de um ordenamento geral para o setor de informação e comunicação? Diante da globalização fala-se sempre com mais frequência da nova formação de um ordenamento geral universal também para o âmbito da informação e da comunicação. Até hoje o âmbito da mídia no plano global é caracterizado por um momento de liberdade muito forte. As informações são difundidas globalmente em tempo cada vez mais breve sem possibilidades de obstáculos, e canais de comunicação pouco podem ser controlados.

Pressuposto para uma formação consciente da paisagem midiática é uma união mundial de todos os envolvidos sobre segundo quais critérios este processo deve ser organizado no futuro. Em razão dessa heterogeneidade do mundo globalizado e da ausência de uma estrutura institucional geopolítica, tal formação acontece hoje, sobretudo, mediante o momento da condução informal. Mesas-redondas, conselhos, comissões e diálogos informais são elementos importantes do complexo político que procuram realizar o ideal de justiça indicado no âmbito da informação e da comunicação.

Mas, ao lado dessas formas de autocontrole ou autorresponsabilização, os instrumentos políticos tradicionais também não podem ser deixados de lado. Desse modo, também para o setor da informação e da comunicação é necessário conseguir condições gerais jurídicas que não oprimam os efeitos positivos das novas possibilidades técnicas e, ao mesmo tempo, procurem colocar sob comando o conteúdo extremamente inadequado. Isso seriam por exemplo as regulamentações contra a formação de monopólios no âmbito da mídia ou ações acordadas internacionalmente contra a difusão de conteúdos criminosos pela internet.

As novas conquistas técnicas, consideradas em seu conjunto, abrem múltiplas possibilidades. Uma tarefa importante é continuar a fortalecer a comunicação cooperativa e orientada para o entendimento entre os muitos espaços do mundo que se entrecruzam. Aqui, certamente, há ainda um último ponto crítico a ser indicado. Muitos filósofos do século XX mostraram insistentemente que as inovações técnicas por si sós não resolvem os problemas. Nem a técnica por si só ou a crença em aparentes possibilidades ilimitadas da factibilidade técnica transformam as relações sociais. Essas possibilidades deveriam ser refletidas e religadas aos seres humanos, que formam esses novos espaços. Isso vale também de um modo muito especial para o âmbito da informação e da comunicação.

Mudança climática e vulnerabilidade

As consequências da mudança climática são hoje no discurso político um dos temas mais importantes e certamente também mais explosivos no plano global. A comissão para o clima mundial, o Painel Intergovernamental sobre Mudanças Climáticas, contribuiu com seus relatórios no ano de 2007 de modo decisivo para essa discussão. Segundo a avaliação de muitos estudos sobre a mudança climática, com a inclusão de mais de 3 mil cientistas e a consideração dos modelos climáticos mais importantes, ficou constatado: o fato de uma mudança climática provocada pelo homem é hoje incontestável.

A principal característica da mudança climática observável é a elevação da temperatura. A temperatura climática global elevou-se rapidamente nos últimos cem anos — em torno de 0,8 graus celsius. As causas principais disso são as emissões de gases, especialmente o dióxido de carbono, que desde a industrialização aumentaram drasticamente. Dependendo da questão de se tais emissões podem ser reduzidas nos próximos anos, os especialistas esperam até o ano 2100 uma elevação da temperatura entre 1 e 5 graus celsius em comparação com o nível de 1990. Os especialistas concordam entre si ainda sobre um outro ponto, a saber, a necessidade de uma limitação desse aumento de temperatura: se a temperatura aumentar mais do que 2 graus nos próximos anos isso trará consequências enormes para o mundo inteiro. A política de proteção ambiental deveria por isso trabalhar na direção da redução das emissões de poluentes, de modo que não se ultrapasse a marca dos 2 graus.

Todavia, o modo como se deve tratar politicamente tais avaliações e quais medidas devem ser adotadas — isso, no atual discurso geopolítico, é altamente controverso. É claro que um misto de evitar a mudança climática (mitigação) e adaptar-se às consequências inevitáveis (adaptação) é forçoso. Sobre como isso deve se dar as concepções são discordantes.

Importante para uma tematização dessa questão no contexto da filosofia da globalização é uma consideração mais exata da distribuição do peso da mudança climática. Na mídia europeia frequentemente silencia-se sobre os efeitos da mudança climática, sobre o contemporâneo bem-estar dos países industrializados e seu crescimento econômico. Isso é, sem dúvida, uma perspectiva abreviada, pois tanto as causas como os efeitos da mudança climática são divididos de modo extremamente desigual no mundo inteiro. A maior parte do dióxido de carbono foi jogada na atmosfera pelos países industrializados e as principais vítimas da mudança climática são hoje certamente os países pobres. Frequentemente os pobres vivem nas regiões geográficas mais sensíveis, que são especialmente atingidas pelas consequências da mudança climática (por exemplo, a África ao sul do Saara ou faixas de terra improdutivas junto à costa, como em Bangladesh).

Os países mais pobres estão com isso diante de um duplo problema: por um lado, os efeitos negativos da mudança climática irão dificultar a satisfação das necessidades elementares e, assim, acentuar a pobreza. Eventos climáticos extremos como furacões ou inundações, que presumivelmente irão acontecer com mais força nos países pobres do Sul, irão dificultar claramente a situação alimentar nestas regiões. A falta de água por causa das médias elevadas de temperatura também irá contribuir para isso.

Por outro lado esses países têm, na maioria, também uma capacidade reduzida de combater as consequências climáticas. O reduzido acesso a serviços sociais fundamentais (saúde, educação), uma carência de segurança legal ou uma proteção da segurança inexistente causam enormes dificuldades para uma adaptação efetiva. O cerne do problema de uma filosofia da globalização apresenta-se como se segue: as nações industriais são os principais causadores da mudança climática, mas os pobres nos países em desenvolvimento são especialmente os atingidos pelas consequências. Aí mostra-se explicitamente um grave problema de justiça.

A questão de uma ética da mudança climática fundamentada filosoficamente deve ser compreendida no debate sobre a ética ambiental das décadas passadas. Por longos anos a questão inicial era que valor ético tem a natureza. A natureza tem, por exemplo, como espaço de sobrevivência, como espaço cultural ou como possibilidade de experiências estéticas um significado ético relevante para os homens. Todavia, naturalmente não existem deveres da natureza para com o homem. A relação comporta, por isso, traços unilaterais. A partir dessa circunstância surgiu um debate acalorado na filosofia: apenas o homem é o ponto de referência para a moral ou à natureza em si e por si deve ser atribuído um valor moral? Aqui foram discutidas posições entre um puro antropocentrismo e um puro fisiocentrismo.

Para a pergunta acerca de um ajuizamento das consequências da mudança climática, uma posição moderadamente antropocêntrica é a mais convincente, porque os efeitos da mudança climática sobre o homem, sobretudo os pobres, são o maior desafio. Ponto de partida para isso é que o homem é o ponto de referência para a reflexão moral, porque ele é o sujeito do agir moral. Essa argumentação não significa, todavia, que se atribuirá apenas um mero valor instrumental à natureza e que ao homem é lícito tratá-la como ele quiser. A natureza é sempre um objeto da ação moral. Como tal, uma relação com ela segundo o bel-prazer não é eticamente justificável. Enfatiza-se aí apenas que para questões éticas o homem é o ponto de referência central enquanto sujeito moral, e por isso os efeitos se tornam particularmente problemáticos lá onde eles atingem outros homens.

Um conceito científico tanto sociológico quanto natural que expressa esta perspectiva ética transdisciplinar é o conceito de vulnerabilidade. De modo muito geral, vulnerabilidade diz respeito à suscetibilidade de uma região ou de um grupo de serem atingidos ou prejudicados. Na pesquisa climática tal conceito tem uma longa tradição. Nos anos de 1970 a vulnerabilidade era entendida, sobretudo, como uma relação causa–efeito. Um acontecimento climático tem num sentido causal certos danos como consequência, a partir do que se determinava a vulnerabilidade.

Nos últimos vinte anos essa vulnerabilidade biofísica passou a ser progressivamente relacionada com considerações sociológicas sobre a suscetibilidade (por exemplo, sobre a pobreza). Com isso volta cada vez mais ao foco que na determinação de vulnerabilidade também os fatores sociais são importantes. Homens ou regiões estão, a saber, não apenas expostos a certos riscos climáticos, mas também de diversas maneiras em condição de contrapor a esses riscos estratégias de ação correspondentes. Nessa perspectiva são especialmente vulneráveis os homens que mais estão expostos a riscos, dispõem de poucas estratégias de enfrentamento e sofrem de modo mais intenso as consequências de uma crise cujo potencial de solução é o menor de todos.

Por essa razão, diferencia-se hoje entre uma vulnerabilidade biofísica e uma vulnerabilidade social que se expressa, por exemplo, na baixa renda, na falta de capital social ou nas frágeis condições do contexto político. Apesar de terem um grande significado na perspectiva da relação do homem com as consequências climáticas, esses componentes sociais da vulnerabilidade foram negligenciados por muito tempo.

Ao se conectar as considerações sobre filosofia da globalização com o princípio da vulnerabilidade resultam algumas conclusões éticas e políticas centrais. Se a tese de que a mudança climática atinge, sobretudo, os pobres e estes estão menos em condições de se adaptar às consequências é correta, então a partir disso podem ser extraídas algumas conclusões a partir da perspectiva da justiça.

O principal foco da atenção nas discussões em torno dos efeitos da mudança climática da perspectiva da justiça deveria ser uma diminuição da vulnerabilidade dos pobres. Evitar esse problema consiste, em primeiro lugar, em uma redução da vulnerabilidade biofísica. Isso só poderá ser realizado se forem postas a caminho medidas eficazes para evitar consequências danosas da mudança climática. Para isso devem ser buscados especialmente meios e caminhos para reduzir de modo duradouro as emissões de dióxido de carbono. Ao lado da promoção de energias renováveis ou do aumento da eficiência da energia é razoável também relacionar e incluir os custos das consequências das emissões no sistema econômico mundial. O comércio com direitos de emissão seria uma possibilidade tanto de tornar os custos de emissão economicamente compreensíveis como de abrir caminho para as metas políticas de redução por meio da limitação de direitos de emissão. Ademais, por meio do comércio com direitos de emissão poderiam ser direcionadas grandes somas de recursos para os países mais pobres, porque os países industrializados teriam que comprar direitos de emissão dos países em desenvolvimento para manter seu presente consumo de energia. Os países em desenvolvimento poderiam investir este ganho, por sua vez, na diminuição da vulnerabilidade social.

Da perspectiva da justiça tal regulamentação da emissão é um primeiro passo na direção de uma realização da dimensão global da justiça. Os homens reconhecem que estão em um barco e precisam proceder de modo transparente e justo no enfrentamento de problemas globais. Mas naturalmente aqui se esconde também o ponto decisivo em detalhes aparentemente pequenos de decisões, que por isso são dignos de consideração. Hoje, por exemplo, é polêmica a discussão em torno de quais critérios os direitos de emissão devem ser distribuídos para o início de sistema de concessão: devem ser incluídos na distribuição os gases do dióxido de carbono dos últimos duzentos anos já emitidos e por isso aos países industriais serão concedidos claramente menos direitos de emissão do que aos países em desenvolvimento? Ou, ao contrário, deve ser observada a condição econômica inicial e os países que têm maior capacidade de produção devem receber mais direitos de emissão? Ou, ainda, segundo o princípio fundamental da igualdade, deve ser conferido a todo ser humano o mesmo direito de emissão de dióxido de carbono?

Também para isso não há respostas prontas, que poderiam ser derivadas de princípios de justiça. Da perspectiva da ética da globalização esboçada, uma solução provisória mostra-se como justa na medida em que visa, a longo prazo, a direitos iguais de emissão, mas que também leva em consideração as diferenças econômicas efetivas (e as emissões ligadas a elas) na situação presente. Em todos os casos é importante e razoável um procedimento transparente que inclua todos os envolvidos na discussão e que conduza a decisões comuns.

Correspondendo à opção pelo fortalecimento da justiça global, para além de tal sistema de regulamentação, devem ser estabelecidas condições gerais políticas, jurídicas e econômicas que possibilitem processos confiáveis, transparentes e justos para o combate à mudança climática e à pobreza. Nisso, por exemplo, correspondendo ao princípio da *global governance*, devem ser ligados o máximo possível de atores em mecanismos cooperativos para a solução de problemas. Também deve-se atentar para uma engrenagem de diferentes setores políticos, pois a questão do clima concerne, por exemplo, do mesmo modo à política agrária, econômica e de desenvolvimento.

Mas diminuição da vulnerabilidade não é possível unicamente pela evitação das emissões graças a um sistema de regulamentação com direitos de emissão, mas também com medidas diretas para uma diminuição da vulnerabilidade social, especialmente nos países em desenvolvimento. Proteção climática e política de desenvolvimento e combate à pobreza, portanto, não devem ser jogados um contra o outro, mas precisam ser vistos como aspectos recíprocos de uma globalização duradoura. Apenas lá onde os homens são capacitados não apenas a sobreviver, mas, por meio do acesso à educação ou à seguridade social, também a poderem conduzir uma vida tranquila, as sociedades também se tornarão capazes de se adaptar às consequências da mudança climática.

Correspondendo, no entanto, ao entrecruzamento de universalismo e particularismo é importante não apenas o fortalecimento da justiça global, mas também de grande significado são as pessoas em seus locais e contextos culturais. Por isso, objetivo da política global deveria também ser neste caso prestar atenção especialmente aos pobres em seus contextos locais e fortalecer sua capacidade de ação. Homens com suas respectivas tradições culturais e religiosas são, portanto, parceiros indispensáveis na discussão sobre a mudança climática e suas consequências.

A vantagem de conferir atenção às tradições culturais não é apenas que também as questões da mudança climática serão religadas às tradições locais mas, sobretudo, que todos os homens se motivarão enquanto parte de uma comunidade a participar em uma solução duradoura dos problemas globais. Nessa perspectiva deve-se perguntar quais interpretações de natureza e ambiente fundamentadas culturalmente existem e como podem ser postas em relação umas com as outras. Nesse sentido, trata-se menos de uma comparação abstrata das tradições culturais do que de um diálogo concreto. Além disso, como já visto, as sugestões institucionais para a solução desses problemas globais também são sempre dependentes dos comportamentos individuais dos homens. Ponderações culturalmente fundamentadas para a formação de um estilo de vida (por exemplo, no sentido de uma ética do consumo sustentável) podem aqui ser um complemento necessário e razoável de uma política institucional voltada para o clima.

Considerada de um ponto de vista ético há ainda outra questão especialmente importante no campo temático da mudança climática, a saber, a questão acerca da avaliação dos riscos. Na medida em que, na formação de uma política sustentável em torno do clima, não se trata apenas da vulnerabilidade atual da sociedade mundial, mas também se trata das futuras gerações, deve ser esclarecido em termos morais como fazer frente aos riscos. Esta questão não concerne apenas à mudança climática, mas naturalmente também a outras questões globais e representa por isso de modo amplo uma importante faceta de uma filosofia da globalização.

O conceito de risco está relacionado aos desenvolvimentos no futuro. Ele oferece, sob condições de probabilidade, em que medida se deve calcular consequências danosas. Riscos estão sempre em uma estreita relação com decisões humanas. Com a informação sobre riscos relacionados a consequências climáticas, por exemplo, se dirá com qual probabilidade uma ação política, econômica ou de outra natureza irá repercutir na transformação climática. A amplitude dos riscos será determinada por meio da probabilidade do acontecimento esperado e da magnitude dos danos previstos. Os riscos serão eticamente relevantes lá onde ambos os aspectos são considerados graves.

Em muitas teorias econômicas atuais sobre a mudança climática é aplicada, sobretudo, uma lógica utilitarista sobre a avaliação de riscos. Por meio de uma estimativa das consequências serão agregados a isso os riscos que devem ser esperados para além de um determinado espaço de tempo e de um determinado grupo. A minimização do risco será entendida então como maximização da utilidade média na concomitante minimização de consequências danosas esperadas.

De uma perspectiva ética, uma estimativa de riscos assim compreendida parece problemática, sobretudo, por duas razões. Quando riscos são assumidos por pessoas, enquanto indivíduos, isto é, as consequências concernem apenas a eles, a avaliação do risco fica no espaço de ação calculado da respectiva pessoa e é social e eticamente irrelevante. Mas os riscos da mudança climática não se referem apenas às pessoas individualmente, mas sempre a grandes grupos e parcialmente à humanidade como um todo. Por isso uma avaliação do risco e uma ação política correspondente podem ser moralmente justificadas no fundo apenas mediante a inclusão de todos os envolvidos. Todavia, uma externalização de riscos isolados no sentido de que as consequências prejudiciais do próprio agir não serão incluídas na avaliação de riscos de outras regiões não é eticamente justificável.

Como segundo problema consolida-se a visão de que avaliações de risco naturalmente acontecem sempre sob insegurança (isto é, um desconhecimento). Mesmo quando os mais diferentes modelos climáticos concordam hoje em questões centrais, não está dito com isso que desse modo é possível um conhecimento claro sobre as consequências. Com base nesse aspecto do desconhecimento, as consequências potencialmente negativas devem ter sempre a primazia no prognóstico em relação às possíveis consequências positivas. Hans Jonas (1903-1993), em sua obra *O princípio responsabilidade*, de 1979, formulou isso da seguinte maneira: "conferir a primazia à pior previsão diante da boa é agir de modo consciente e responsável em relação às futuras gerações". Não se trata aí de um alarmismo excessivo, mas de uma avaliação na qual não se deve fazer pouco caso das consequências negativas.

Um terceiro problema resulta na perspectiva da comparabilidade dos riscos. Muitas teorias atuais compreendem uma economia das consequências danosas. Mas lá onde os direitos fundamentais — sobretudo o direito a uma vida digna — são violados tal economia é moralmente injustificável. Quando os efeitos climáticos se referem ao direito fundamental à vida, no sentido da justiça de necessidade ou de oportunidades, eles não podem, por isso, ser traduzidos numa pura lógica econômica, pois vidas humanas fundamentalmente não são calculáveis.

Estes apontamentos críticos tornam claro que para uma avaliação de riscos os argumentos utilitaristas oferecem muito pouco. Para uma operacionalização política da avaliação de riscos pode auxiliar e ser razoável expressar riscos futuros em categorias econômicas. Em tal cálculo economicamente orientado devem, todavia, ser sempre computados certas necessidades ou direitos fundamentais como pontos normativos de apoio intransponíveis, isto é linhas diretrizes de segurança. Ainda com relação às consequências climáticas argumenta-se, a partir disso, contra a perspectiva utilitarista e em favor de um cruzamento entre uma ética liberal (regulamentação de emissões) e uma comunitarista (tradições culturais).

Religiões como atores globais

A religião é novamente um tema social. Não é somente a partir do 11 de setembro que ela é observada de modo mais intenso como fenômeno social (mundial). No quadro do debate sobre a secularização dos anos de 1970 e 1980 havia, nos países ocidentais, a impressão de que com a modernização e a individualização progressivas as religiões iriam perder o significado. Esta tese não se confirmou; pelo contrário: as religiões desempenham hoje um importante papel — não apenas nas sociedades ocidentais, mas no mundo inteiro. Por isso a questão das religiões é também um aspecto importante da filosofia da globalização.

Hoje encontram-se rastros sociais das religiões em diferentes âmbitos. Elas assumem, por um lado, um posicionamento ante questões políticas ou incluem-se no debate público. Na Alemanha esse fenômeno é certamente de novo fortalecido pelo fato de que o papa Bento XVI (1927-) despertou nova atenção para a Igreja cristã. Mas também as muitas outras comunidades religiosas — sejam elas islâmicas, budistas, hinduístas — tornam-se no mundo inteiro atores da sociedade civil cada vez mais importantes. Fala-se hoje por isso também de uma repolitização das religiões.

Por outro lado pode-se observar também uma transformação multifacetada do religioso, pois símbolos religiosos e jogos de linguagem são transferidos para outros âmbitos não genuinamente religiosos. Não apenas nos países ocidentais encontram-se, por exemplo, em filmes, teatro, publicidade ou na encenação de eventos de massa claras relações com tradições religiosas. Os potenciais semânticos e simbólicos das religiões passam com isso a ser um bem social que marca a vida cultural e pública. Isso vale não apenas para sociedades europeias, mas para muitos países no mundo inteiro nos quais se formaram diferentes formas ecléticas de religiosidade pública.

Não por último, esse desenvolvimento conduziu também a uma enorme diferenciação. Ao lado das grandes religiões mundiais formaram-se muitos outros grupos, que com frequência atuam informalmente. Também o surgimento de uma multiplicidade de seitas tornou-se um fenômeno de significado global.

É justamente a partir de uma perspectiva global que esse significado social da religião se torna especialmente evidente. As religiões marcam em diferentes formas culturais a orientação das ações das pessoas, influenciam a vida cultural e são parte do discurso público ou dos processos políticos. As religiões são com isso um fator importante, que merece uma atenção especial na análise de desenvolvimentos sociais em diversas partes da Terra. No palco geopolítico a religião tornou-se um tema central, sobretudo desde o 11 de setembro. Desse modo, as estratégias geopolíticas são quase incompreensíveis hoje sem um vínculo com a relação entre religião e política.

O discurso sobre a secularização transformou-se claramente com relação à situação global. Apesar de perdurarem, como sempre, tendências à secularização em algumas regiões (por exemplo no Leste da Alemanha), quase ninguém mais fala no presente de uma morte iminente das religiões ou do fenômeno religioso. É senso comum que as religiões, na verdade, mudaram fortemente e parcialmente se reestruturaram, mas que como sempre elas têm um importante papel social. Por isso, o retorno dos deuses não é na verdade retorno algum, como diagnostica convincentemente o teólogo evangélico Friedrich Wilhelm Graf (1948-). Nós nos deparamos, pelo contrário, com uma atenção renovada ao religioso, ainda que hoje este apareça no mínimo parcialmente em novas roupagens.

Também a filosofia confrontou-se intensivamente nos anos passados com o fenômeno da religião, especialmente a filosofia prática. Dignas de consideração aqui são as manifestações de Jürgen Habermas sobre o tema da religião — a começar pelo muito apreciado discurso para o Prêmio da Paz, passando por seu diálogo com o então cardeal Ratzinger (Habermas 2005), até a discussão na Faculdade Jesuíta de Filosofia de Munique (Reder, Schmidt 2007). Mas muitos outros filósofos refletiram sobre religião no contexto do político, por exemplo Jacques Derrida, Gianni Vattimo (1936-) e Hans-Georg Gadamer (1900-2002) na ilha de Capri (Derrida, Vattimo 2001) ou Richard Rorty junto com Gianni Vattimo no volume *O futuro da religião* (2006). As questões centrais dessas análises são o que está acontecendo com a secularização, como a religião (sobretudo a relação entre fé e ciência) diante dos desenvolvimentos atuais pode ser conceitualizada de modo convincente ou como a relação entre jogos de linguagem seculares e religiosos, cidadãos e instituições deve ser pensada.

As respostas dos filósofos a estas questões são diferentes. De um lado está uma tradição de pensamento que delimita a religião ao âmbito do privado e assim quer conceder à religião apenas um papel muito condicionado nos processos públicos. Rorty argumenta que a religião em sua recepção do pensamento metafísico (por exemplo, por meio de enunciados universais na teologia da criação) retrocede ao modelo de pensar antigo. Para ele enunciados religiosos, bem como outros axiomas metafísicos não podem mais pretender validade universal. Por isso as religiões pertencem ao âmbito privado, isto é, da interpretação privada do mundo, e não podem levantar mais qualquer pretensão de universalidade.

Rorty dá até um passo além em sua filosofia prática. No panorama de sua clara separação entre público e privado, o homem pode hoje defender de modo razoável somente uma postura liberal. As religiões tendem a condenar o liberalismo e sua compreensão de solidariedade. Elas estão sempre em perigo de atacar a ordem liberal, na medida em que introduzem no discurso político exigências normativas desde o âmbito das visões de mundo religiosas privadas. Como anticlerical (tal como ele mesmo se autodefine), Rorty defende por isso "a concepção de que as instituições religiosas, apesar de todo o bem que fazem — apesar de toda consolação que elas dão aos carentes e sem esperança — ameaçam a saúde das sociedades democráticas. [...] Em nosso modo de interpretar nada há a objetar contra a religião — enquanto as instituições eclesiásticas não tentarem mobilizar os fiéis para exigências políticas" (2006, p. 38).

Com relação à multiplicidade global de formas sociais, essa típica diferenciação liberal de privado e público e a expatriação da religião para o âmbito do privado não parecem convincentes. Em muitas regiões do mundo (por exemplo no Sudeste da Ásia) os âmbitos privado e público são vistos como plataformas de relação recíproca de modo muito mais forte, de modo que a clara separação sugerida por Rorty pode contribuir apenas parcialmente.

Certamente nem todos os filósofos que, com Rorty, querem anunciar um pensamento pós-metafísico exigem uma privatização tão forte da religião. Habermas, por exemplo, afastou-se progressivamente nos anos passados de sua antiga posição cética quanto à religião e adotou uma postura de abertura para com a religião. Na verdade ele permanece firme nas premissas fundamentais do pensamento pós-metafísico, mas numa perspectiva teórico-social ele admite as religiões cada vez mais, para trazer as expressões religiosas ao tratamento dos discursos sociais.

No discurso ao Prêmio da Paz de 2001 ele desenvolve, em uma passagem famosa, a ideia de que a tese da secularização perdeu seu poder de esclarecimento e que a religião e o mundo secular estariam numa relação de reciprocidade. Na verdade, é claro que fé e conhecimento são separados um do outro, mas sempre também dependentes de um construtivo estar-com-o-outro, especialmente para as questões sociais mais impositivas, por exemplo a de enfrentar a globalização. A religião mostra-se aí como um recurso moral importante, porque para cidadãos religiosos está à disposição um potencial de fundamentação para questões morais. Ela oferece em sua função de instauração de sentido uma base moral para o discurso público e assume nesta medida uma função importante na esfera pública.

Essa função moral em sentido durkheimiano é enfatizada por Habermas justamente diante dos ataques terroristas de 11 de setembro e de uma globalização que ameaça sair dos trilhos. Relativamente à globalização ele diagnostica sobretudo uma dinâmica descontrolada da economia mundial, da qual por enquanto não se pôde tomar as rédeas mediante procedimentos políticos supranacionais. Ao mesmo tempo mostra-se no plano nacional uma sensibilidade diminuída para patologias sociais. Por isso a Modernidade corre o risco, segundo a perspectiva de Habermas, de descarrilar. Especialmente o Estado liberal que é dependente da solidariedade de seus cidadãos e de sua motivação para participar de discussões na esfera pública está confrontado com este problema. Com isso, o projeto de uma democracia deliberativa estaria, justamente diante dos desafios da globalização, fundamentalmente ameaçado.

Diante dessa condição de partida, para Habermas é importante que as manifestações religiosas não sejam empurradas para fora dos debates da esfera pública. Em vez disso, ele insiste na necessidade de traduzir os conteúdos da linguagem religiosa numa linguagem secular e com isso torná-los acessíveis a todos, acima de tudo a fim de obter os potenciais de motivação e de instauração de sentido para as discussões na esfera pública. As religiões podem, nesta perspectiva, exercer uma função positiva para as sociedades diante das rupturas globais.

O conceito de "pós-secular" que Habermas põe em jogo nessa relação expressa aí que também as sociedades no contexto da globalização deveriam se adaptar à permanência das religiões e procurar um diálogo construtivo com elas. Num diálogo com o papa Bento XVI em 2004 (na época ainda cardeal Ratzinger) ele enfatizava, em alusão a Ernst-Wolfgang Böckenförde, que decisões democráticas da maioria também permanecem sempre relacionadas às noções éticas precedentes dos cidadãos. A democracia é dependente de posturas morais provenientes de fontes que antecedem a política, por exemplo de projetos religiosos de vida. Como pano de fundo e fonte motivacional elas desempenham para a democracia um papel muito importante, mesmo quando não podem valer como afirmação normativa para processos democráticos.

É certamente positivo nesta posição que o pensamento liberal abre-se para argumentos religiosos. A exigência em torno de uma razão prática descontextualizada e, na aparência, completamente isenta é recuperada em certa medida. As referências culturais e religiosas do pensar e do agir humanos são com isso tomadas com maior consideração. Justamente em constelações globais isso parece razoável e importante.

Da perspectiva de uma filosofia da globalização, todavia, tal interpretação da religião, como Habermas sugere, é também digna de questionamento por várias razões. Em primeiro lugar, deve ser enfatizado que a moral é apenas um aspecto entre muitos, do qual a religião não pode ser deduzida. Moral — aqui se poderia plenamente concordar com a perspectiva dos *Discursos sobre religião* de Friedrich Schleiermacher — é apenas um aspecto, ao qual as religiões não deveriam ser reduzidas. Além disso muitas religiões no mundo inteiro iriam elas mesmas se esquivar de tal redução. Isso não significa, naturalmente, que as religiões não têm absolutamente nenhuma competência moral. Naturalmente elas são desafiadas diante da globalização a trazer suas orientações morais para dentro do processo da sociedade mundial. Na medida em que elas têm um alto poder de motivação para os seres humanos, elas podem também aportar uma parte importante para a formação do mundo. Mas isso mesmo é apenas uma função das religiões, à qual elas não podem ser reduzidas.

As religiões assumem múltiplas funções — isso fica especialmente claro quando se olha para a pluralidade global de formas religiosas. A formação da vida cultural, a elaboração da contingência ou a tematização da relação entre transcendência e imanência são outras funções da religião — só numa visão de conjunto obtém-se uma imagem detalhada de seu significado social. Por isso é importante, além do mais, não reduzir as religiões unicamente às grandes religiões mundiais, o que no discurso atual muitas vezes é feito. As religiões se diferenciaram drasticamente no contexto global e, dessa maneira, surgiram muitas formas complexas mescladas, que também têm influência na formação de processos globais.

Ainda que Habermas conceda à religião um significado social maior do que Rorty, também para ele está claro, da perspectiva do pensamento liberal, que as religiões devem ser ancoradas no âmbito das cosmovisões privadas. Em última instância as visões religiosas obtêm plausibilidade apenas na esfera do privado. Por isso os cidadãos religiosos são sempre convocados a traduzir seus pontos de vista numa linguagem secular. Habermas entende que não é possível que tais visões privadas de uma vida bem-sucedida possam ser universalizadas. Portanto, segundo sua concepção, também a filosofia não pode ter a pretensão no espaço público de que ela possa resolver o conflito de diferentes cosmovisões. De um ponto de vista sistemático, a distinção entre fé e ciência fica estreitamente ligada com aquela entre privado e público: aqui a fé privada, lá o conhecimento racional e público.

Mas é realmente lícito estabelecer tal distinção de modo tão forte? Cosmovisões privadas e discursos públicos são sempre relacionados entre si e interpenetram-se de modo contínuo — as atuais análises científico-culturais de sociedades não europeias mostram isso de modo especial. Um âmbito nutre-se do outro e vice-versa. As concepções de uma vida bem-sucedida ou de uma ética de virtudes, em conexão com a filosofia antiga, hoje trazida à tona de modo cada vez mais forte, compreendem-se a si mesmas não como cosmovisões privadas e orientações individuais para uma vida boa. Elas contêm uma antropologia universal e querem aportar recomendações gerais para a estruturação da vida nas sociedades pós-modernas. Nesta medida, a separação de fé e ciência não pode ser relacionada em sentido unívoco com aquela entre privado e público.

Ainda em uma perspectiva sociológica fica visível que as manifestações religiosas, em sua maioria, pretendem uma racionalidade própria para si. Cidadãos religiosos querem que suas opiniões não sejam entendidas como irracionais, pelo contrário, eles querem transmiti-las de modo discursivo tanto na comunidade religiosa quanto dentro da sociedade. A separação típico-ideal — aqui o cidadão secular racional e lá o cidadão crente religioso — não é sociologicamente sustentável, pois no interior do discurso social os limites constantemente já são ultrapassados.

Esta consideração remete a um outro aspecto que para a análise das religiões no contexto global é de grande importância: não há religião em uma forma pura ou como religião originária, mas ela está sempre relacionada ao respectivo contexto. As religiões em suas formas concretas também são sempre fenômenos históricos e culturais contingentes. Suas diferenças resultam a partir das respectivas relações com os espaços histórico-culturais e tradições. Esta perspectiva externa sobre as religiões está estreitamente conectada por sua vez com uma perspectiva interna filosófico-religiosa. Como o absoluto (por exemplo Deus) em torno do qual giram religiões nunca pode ser completamente compreendido pela via da reflexão, as religiões são sempre dependentes de formas linguísticas e culturais. Por esta razão a religião está sempre relacionada também com a cultura.

Já no século XV Nicolau de Cusa tematizou no escrito *De pace fidei* essa relação de tensão entre a universalidade da religião e a pluralidade de formas religioso-culturais. A religião, conforme sua tese central, ramifica-se sempre em diferentes formas culturais. A fórmula *religio una in rituum varietate* (uma religião em diferentes ritos) visa em última instância a uma aproximação de todas as formas religiosas a uma só, com o entendimento de um conhecimento não compreensível de Deus — na aceitação simultânea de formas culturalmente condicionadas.

Com tal compreensão de religião são relativizadas por um lado as pretensões de absolutez das religiões desde o princípio. Como o falar humano na questão do Absoluto necessariamente sempre esbarra em limites, as afirmações sobre o Absoluto também são sempre limitadas. Nicolau de Cusa emprega, por isso, afirmações paradoxais para a tematização da questão da existência de Deus. Nesse sentido, é rejeitada uma objetivação racional da fé e ao mesmo tempo demonstrado que religião e cultura desde sempre estão numa relação recíproca indissolúvel uma com a outra. A reflexão sobre a religião, portanto, é sempre uma ocupação com o pensar e o sentir humanos em seus contextos e, desta forma, é filosofia da cultura. Também Derrida não se cansa de destacar reiteradamente esse emaranhamento dos discursos sobre religião nos respectivos contextos culturais (cf. DERRIDA 2001).

Ainda no contexto da globalização atual as religiões estão confrontadas com essa relação de tensão. Desse modo, especialmente todas as religiões mundiais necessitam colocar-se o problema de como elas podem conectar sua orientação universal com a presença em culturas particulares. Na Indonésia, por exemplo, há um debate altamente controverso entre os muçulmanos sobre em que medida a forma cultural-arábica do Islã é normativa e quanto o Islã indonésio pode e deve sê-lo.

As religiões são também sempre ambivalentes. Elas possuem o potencial de manter aberta essa tensão entre a mensagem universal e as formas culturais. Na medida em que elas têm um conhecimento de quão difícil é falar sobre o Absoluto, reconhecem o significado da pluralidade da linguagem humana. Mas as religiões podem também destruir esse espaço e agir de tal modo como se apenas elas soubessem como se deve falar sobre o Absoluto. Então as outras religiões e culturas aparecem rapidamente como inimigas.

A globalização possibilitou que as religiões entrassem em contato umas com as outras, o que conduziu a uma pluralização de imagens de mundo, valores e formas de vida até então desconhecida. Para que a pluralização de religiões não leve ao conflito, mas a uma pluralidade próspera, é necessário um amplo e fecundo diálogo das religiões e o trabalho em conjunto de homens de distintos credos. Não é nenhum segredo que isso frequentemente não acontece e que as religiões podem acentuar os conflitos, sobretudo quando também os conflitos econômicos e sociais são coloridos com as tintas da religião. A experiência da pluralidade de religiões pode, portanto, também levar a uma expansão de grupos fundamentalistas, ou seja, com comportamento ofensivo e, em parte, agressivo, sejam eles de procedência evangélica ou islâmica.

É certamente um dos maiores desafios do futuro impedir que tais movimentos se ataquem mutuamente. O modelo de Nicolau de Cusa pode ser aí de grande valia para o diálogo inter-religioso. Um reconhecimento da polifonia de manifestações religiosas poderia assim ser considerado com mais atenção justamente na perspectiva global e, não por último, levar a um discurso construtivo entre as religiões sobre a estruturação política da sociedade mundial.

Europa e África — perspectivas de cooperação

A imagem da África na Europa tem quase sempre duas faces. De um lado existe a imagem da África originária e cheia de vida, relacionada com a natureza. Essa se alimenta, no limite, a partir da história colonial. Imagens de animais em formatos esplêndidos ou relatos esotéricos sobre os poderes naturais de cura de médicos africanos são expressão desta idealização. Com essa compreensão, todavia, não apenas as diferenças entre as tradições culturais africanas são desprezadas, mas também é fortalecido o distanciamento da Europa para com a África: aqui a Europa civilizada, lá a África original mas parada no tempo. Ao lado disso mostra-se, especialmente na mídia, ainda outra imagem da África, a saber, a do estado decadente, dos conflitos violentos e dos efeitos fatais do HIV/Aids. Não por último, em perspectiva política a África é vista, por isso, frequentemente apenas como alvo de programas emergenciais.

O olhar sobre a Europa da perspectiva africana é, não raro, igualmente deformado. Ou a Europa é o continente rico, no qual há uma abundância de bem-estar econômico, ou ela é avaliada exclusivamente numa perspectiva negativa pós-colonialista. Os europeus são interpretados como exploradores e discriminadores.

Todas as quatro perspectivas são, no mínimo, extremamente abreviadas e, por isso, devem ser contestadas. Na época de processos globais complexos e de uma conscientização acerca da pluralidade de desenvolvimentos culturais elas não correspondem à realidade. Ante o panorama da filosofia da globalização esboçada, na sequência a relação entre África e Europa deve ser olhada mais de perto. Trata-se de compreender a relação de ambos os continentes como parte da estrutura relacional global e de perguntar quais consequências, da perspectiva da filosofia da globalização, podem ser extraídas para essa relação. Como aspecto parcial abrir-se-á um plano de análise econômica, política e cultural, no qual por sua vez os resultados das considerações sistemáticas sobre a filosofia da globalização serão postos em relação com um campo temático concreto de processos globais.

A ocupação com a relação entre África e Europa é, além de tudo, não apenas importante para se obter uma imagem diferenciada das relações da Europa com a África. Também o êxito político de uma estruturação justa do mundo globalizado é dependente de como se considera a África enquanto a parte mais pobre do mundo — ou, nas palavras de Horst Köhler (1943-), então presidente da República Federal Alemã: "No desenvolvimento da África decide-se a humanidade do mundo".

(a) Pacto Econômico entre África e Europa: as questões sobre relações econômicas entre África e Europa estão localizadas no já esboçado crescimento do comércio mundial das últimas décadas. Apesar de todo o crescimento econômico mundial e da integração de países africanos nos processos globais de comércio, é preciso ainda manter a seguinte posição relacionada a isso: os efeitos positivos do comércio mundial como sempre são extremamente limitados sobre a situação da África. Na verdade o crescimento econômico médio na África subiu para 5% e também a participação no comércio mundial em seu conjunto soma no momento 2%. A participação dos países industriais ricos da Europa no comércio mundial é, todavia, quase trinta vezes maior do que a cota de participação dos países em desenvolvimento africanos.

Muitos países na África continuam, além disso, dependentes de matérias-primas que eles exportam para países industriais e, portanto, especialmente dependentes das oscilações de preços do mercado mundial. Particularmente problemática parece a inexistência de sistemas de seguridade social efetivos, razão pela qual os mais pobres são, outra vez, fortemente atingidos pelas oscilações econômicas. Apenas em poucos países africanos pode ser observado um crescimento econômico que vem em favor dos mais pobres.

Uma ética da globalização tem que se posicionar quanto a essas condições básicas muito desiguais de ambos os continentes na conjuntura estrutural global. Tratamentos preferenciais no interior das regulamentações da organização do comércio mundial poderiam (como foi argumentado antes) ser uma forma importante de ajudar os países mais pobres da África e melhorar sua integração no comércio mundial — e com isso também sua situação econômica em geral.

São importantes no mundo globalizado, extremamente diferenciado, também os pactos regionais para além da OMC, por exemplo os que nos anos passados foram discutidos e assinados entre a Europa e a África. O "Pacto de Cooperação Econômica" entre a União Europeia e 77 Estados parceiros das regiões da África, do Caribe e do Pacífico (ACP) é um exemplo disso. Tais acordos possibilitam uma responsabilidade diferenciada, mas novamente, sob um olhar mais atento, envolvem também algumas dificuldades que não são insignificantes.

Fundamentalmente problemáticas neste acordo são as consideráveis discrepâncias no que se refere ao desenvolvimento entre os Estados da União Europeia e a economia extremamente fraca predominante nos países da ACP, razão pela qual muitas organizações da sociedade civil criticam fortemente as negociações sobre este acordo. Com essas condições básicas extremamente desiguais os parceiros mais fracos não conseguem acompanhar uma liberalização do comércio e a pressão por concorrência da indústria agrária altamente subvencionada e dos empreendimentos industriais com elevada produção da Europa. Ainda nesse contexto se tratará de temas (como a proteção e a regulação de investimentos) que, por enquanto, na OMC foram retirados da agenda de negociações pela pressão dos países em desenvolvimento. Acrescente-se ainda que muitos países africanos quase não têm as condições necessárias para, ao mesmo tempo, defender seus interesses nas complexas negociações da OMC e em suas conversações regionais com a União Europeia.

Mesmo para acordos regionais vale, portanto, que eles podem ser promotores de desenvolvimento, mas é preciso observar acuradamente no detalhe se os países africanos — e neles especialmente as pessoas mais pobres — saem ganhando com os efeitos de tais acordos.

(b) Migração como desafio político: migração na África e da África para a Europa é um dos campos temáticos centrais da relação entre estes dois continentes. A grande parte da migração não forçada de africanos encontra-se no interior do próprio continente africano. Existem em torno de 16 milhões desses migrantes na África. Além disso, existem na África também muitas formas diferentes de migração forçada. Aí compreendem-se pessoas que estão em fuga, por exemplo, por causa de violações dos direitos humanos, conflitos violentos ou mudanças ambientais. Em 2003 havia na África cerca de 4 milhões de fugitivos que conseguiram ultrapassar as fronteiras. Além destes números, em torno de 12 milhões de pessoas estão em fuga de modo forçado entre fronteiras (chamados de abelhas fugitivas). Cinco dos dez países com o maior número de fugitivos no mundo inteiro são países africanos (Sudão,

Burundi, República Democrática do Congo, Somália e Libéria), o que mostra quão explosivo é este tema para a África. Números exatos sobre a migração da África para a Europa quase não há; mas todos os estudiosos concordam que o número desses migrantes cresce constantemente. Conforme estimativas aproximadas, em 2003 em torno de 4,5 milhões de africanos viviam na Europa — não considerando-se aí os africanos que viviam irregularmente.

Para a relação entre África e Europa essas correntes migratórias significam desafios em diferentes direções. Primeiro constata-se que a Europa reage de modo muito diferenciado aos migrantes africanos. De um lado procura-se não permitir que africanos com pouca instrução possam migrar. Esse procedimento traz consigo problemas consideráveis, algo que as imagens da televisão de africanos fugitivos em pequenas embarcações para os países do Sul da Europa mostram reiteradamente.

Por outro lado, para pessoas com boa formação, vistas como força de trabalho, é permitida a entrada na Europa. Isso fica especialmente claro nos números de pessoas especializadas no setor da medicina. Em torno de 60% dos médicos de Gana, por exemplo, deixaram seu país nos anos passados — a maioria deles rumando para a Europa. Isso tem como consequência que faltam profissionais especializados nas respectivas sociedades africanas. Esse fenômeno é denominado *brain drain* (literalmente, fuga de cérebros). A debandada de profissionais da medicina tem consequências devastadoras especialmente naqueles países onde o número de infectados pelo vírus HIV é alto. Um recrutamento ofensivo de tais profissionais especializados, como fazem alguns países europeus, deveria ser limitado, e migrantes que querem retornar aos seus países para lá trabalhar como profissionais especializados deveriam ser ativamente apoiados.

Do ponto de vista da política interna, é importante também examinar de forma mais acurada a atual situação dos migrantes africanos na Europa para se poder reagir adequadamente aos seus problemas. Fundamentalmente permanece válido que, na formação de leis que concernem aos migrantes africanos, os acordos internacionais sobre os direitos humanos devem ser mantidos. Junto com isso dever-se-ia prestar mais atenção aos migrantes irregulares e promover sua integração.

Mas na era das redes globais e da formação de uma comunidade mundial os problemas na África, que surgem por meio da migração e das fugas, dizem respeito também à Europa. Esta perspectiva é hoje, por exemplo, discutida sob o binômio migração e desenvolvimento. Conforme esse pressuposto, a migração só será reduzida quando a situação dos próprios países africanos atingidos for melhorada. Migração e desenvolvimento são, por isso, processos relacionados de modo recíproco. Por essa razão, a política de desenvolvimento europeia deveria promover os direitos humanos, a democratização e uma boa condução de governo nas sociedades africanas, para melhorar ativamente as condições políticas básicas nos países da África. Medidas promotoras de paz deveriam ter nesse contexto uma alta prioridade. A democracia aí não é um valor em si ou ligada automaticamente com um modelo político determinado, mas um processo social aberto. O modo como o objetivo de uma sociedade democrática será realizado politicamente em detalhes precisa, por isso, ser sempre pronunciado de modo novo.

Uma atenção ao jogo entre migração e desenvolvimento inclui também especialmente a promoção da educação. Uma sociedade capaz de desenvolvimento vive em grande parte de que todas as pessoas, se possível, utilizem suas oportunidades na sociedade e possam participar ativamente nela. A educação desempenha um papel muito importante em muitos países africanos, porque ela é um investimento no próprio futuro não apenas considerada economicamente (por exemplo, um melhor posto de trabalho), mas também possibilita uma participação ativa na sociedade. Esse fomento da educação pode levar também a um fortalecimento da paz e da democracia.

O advento do tema migração e desenvolvimento é certamente importante e prestimoso especialmente para observar a migração como problema recíproco. No entanto, se com isso se focaliza demasiadamente a situação econômica dos países de partida, isso pode levar a que se considerem demasiado pouco os aspectos referentes aos direitos humanos relacionados ao tema da migração. Da perspectiva da ética da globalização esboçada isso é problemático porque os direitos humanos, como expressão de uma condição mínima de justiça, são intransponíveis. Isso vale também e especialmente para a migração na Europa. A ideia de uma hospitalidade incondicionada, tal como Derrida a desenvolve, é aqui um corretivo importante, para se ter isso constantemente diante dos olhos.

(c) Religião e cultura na África: a África vive de uma grande pluralidade cultural, na qual a maioria das formas são, por sua vez, sínteses de diferentes tradições. Existem múltiplas influências de fora, sobreposições e igualmente muitos contextos diferentes. Com isso naturalmente também religiões como o cristianismo ou o Islã marcam, ao lado de cultos tradicionais, em diversos aspectos a vida cultural da África.

Como para a Europa, vale também para a África que formas religiosas de vida nunca existem de modo independente de seus contextos culturais; pelo contrário, aquelas seguem com estas numa estreita ligação. Orientações tradicionais de ação, não raro, são construídas com a concepção religiosa. Um olhar sobre a história política e cultural da África confirma a tese já desenvolvida de que as religiões podem promover a paz e o desenvolvimento de uma sociedade, mas igualmente podem impedir, por exemplo, quando os conflitos sociais são carregados religiosamente.

Neste contexto, a partir da perspectiva europeia, especialmente o cristianismo, como ator social, está desafiado. Ele necessita se confrontar com sua própria compreensão de religião e missão, pois sua pretensão de absolutez pode rapidamente degenerar em conflito com os contextos culturais nos países africanos. De um lado está a pretensão das comunidades religiosas cristãs de convencer as pessoas em outros círculos culturais sobre a fé cristã, de outro lado a tarefa do amor ao próximo desinteressado, isto é, do apoio e da promoção dos mais pobres independentemente de sua confissão religiosa. Uma promoção do desenvolvimento no sentido do amor ao próximo e da evangelização cristã pode, portanto, facilmente entrar numa relação de tensão, conforme a qual aspecto se conferir a prioridade. Esse conflito potencial mostra-se hoje também em várias seitas que são muito ativas na África.

As comunidades religiosas de todos os tipos são, por isso, desafiadas a trabalhar em conjunto, procurar o diálogo e enfrentar juntas os problemas urgentes sob a atenção dos contextos culturais. Uma possibilidade consistiria em um trabalho cooperativo inter-religioso fortalecido, isto é, em uma cooperação de diferentes comunidades religiosas em questões emergentes de desenvolvimento. Em alguns projetos isso já é praticado de modo efetivo, como a rede de colaboração África Alemanha comprova de modo expressivo. Decisivas para tais cooperações inter-religiosas são a abertura diante de outras tradições e uma orientação aos problemas concretos dos seres humanos.

Para iniciar outras cooperações entre África e Europa nos diferentes campos sociais, políticos e econômicos de acordo com o modelo da *global governance*, vale para ambos os continentes desenvolver uma cultura da cooperação na qual o máximo possível de diferentes atores sejam incluídos. É preciso também haver sugestões de ação conjuntas, o que enfatiza a necessidade de um estar juntos entre África e Europa no contexto global. Para isso, e de acordo com a filosofia da globalização aqui desenvolvida, também estão convocados chefes de governo do mesmo modo que muitos outros atores sociais, a começar pelas empresas até as organizações não governamentais e as comunidades religiosas.

7 COSMOPOLITISMO — PARA ONDE?

A filosofia da globalização esboçada aqui está de várias maneiras sob o signo da tradição do cosmopolitismo. A conexão em forma de rede entre diferentes atores e sistemas no mundo inteiro, a superação da perspectiva centrada no Estado, a ênfase em uma condição de cidadão do mundo vindo ao encontro de todos os homens ou também o fortalecimento de cooperações globais em diversas instâncias são elementos desse cosmopolitismo. Com isso, tanto na descrição da globalização como na discussão de opções éticas e políticas devem ser procurados novos caminhos. Como ideia filosófica central do cosmopolitismo, cristaliza-se em todos os três planos que a relacionalidade da dinâmica global tem um significado especial. Portanto, filosoficamente esse cosmopolitismo pode ser interpretado como uma forma do pensamento relacional, o que aqui pode ser mostrado de forma resumida em quatro aspectos:

(a) Na descrição e na interpretação da dinâmica global a realidade é pensada como um conjunto de relações. Tal compreensão relacional da realidade é uma matriz fundamental com a ajuda da qual a dinâmica global pode ser captada e esclarecida. O reconhecimento de que a realidade global é um complexo relacional contém a pressuposição de que os seres humanos estão sempre ligados entre si, partes individuais da humanidade ou instituições políticas não podem ser separadas umas das outras e toda ação tem efeitos sobre outras partes do conjunto de relações.

(b) Ao mesmo tempo resulta a partir dessa proposição relacional um postulado teórico que traz à tona a questão de que o mundo global, em última instância, sempre contém um momento do indisponível. O mundo como conjunto relacional é complexo e dinâmico e não pode ser conhecido de um modo objetivo, o que faz, portanto, que ele se retire sempre de um conhecimento absoluto ou de uma verbalização no último instante.

(c) À compreensão relacional do mundo corresponde um universalismo ético, que todavia está atento às diferenças da sociedade mundial. Ser consciente da relacionalidade do mundo e com isso também dos limites da razão relaciona-se com a ênfase da consciência de um copertencimento culturalmente abrangente dos homens. Justamente nesta perspectiva mostra-se o universal humano, que pode ser o critério para a orientação da ação no sentido de uma postura responsável solidária. Unidade e diferença, nessa forma do pensamento universalista, podem ser pensadas como entrecruzadas uma na outra.

(d) A política mundial relacionada com tal filosofia da globalização procura por novos métodos para a realização da perspectiva ética. Para isso deve ser desenvolvida uma compreensão da política e do poder que se posicione contra um pensamento da factibilidade técnica e assente sobre a multidimensionalidade e a conexão dos instrumentos de controle. Com isso é mudada a perspectiva social-filosófica do poder para a influência. A relação dialética entre unidade e diferença sedimenta-se nesse momento numa compreensão estrutural do poder. O modelo da *global governance* é um bom exemplo para essa opção geopolítica.

Quando a discussão em torno da globalização no início dos anos de 1990 entra em seu percurso, o filósofo Stephen Toulmin pensa sobre a cosmópolis numa direção muito semelhante. Ele explicita sua compreensão da cosmópolis em uma perspectiva histórico-filosófica na transição do Renascimento para a Modernidade. Em sua visão é marca característica central do discurso filosófico desde o século XVI obter a certeza absoluta com o auxílio de uma racionalidade universal e com isso forçar a realidade social em um conceito teórico unívoco (cf. TOULMIN 1991).

Com este acento a filosofia adentrou todavia num caminho sem saída, porque com essa perspectiva o mundo em sua relacionalidade e sua dinâmica não pode ser adequadamente compreendido. Toulmin argumenta que a reflexão sobre a cosmópolis deveria mover-se para fora dessa rua sem saída e enfatizar novamente os aspectos de multidimensionalidade, dinâmica e relacionalidade. A ciência, cedo ou tarde, vai de qualquer modo se soltar de uma compreensão forte de racionalidade e mesmo redescobrir aquele potencial do Renascimento. Somente assim o mundo globalizado pode ser pensado de modo convincente e respostas para desafios globais complexos podem ser encontradas.

Uma transformação central será aí a do poder para a influência, com o que o pensamento relacional ganhará de novo um significado no cosmopolitismo. O cosmopolita quer chamar a atenção para a relação de todos os homens no mundo inteiro e, ao mesmo tempo, mostrar os limites na formação da sociedade, em tempos nos quais o pensamento político se mostra demasiado racionalista, e com isso livrar o pensamento de tendências de unidade travestidas. Ele visa a um respeito às diferenças na concomitante defesa do universalismo ético. O cosmopolitismo, assim formula Anthony Giddens (1938-) — um dos grandes teóricos das sociedades modernas — de modo paradigmático, "é algo realmente emancipatório, porque ele utiliza positivamente as diferenças" (2003, p. 46).

A filosofia da globalização aqui apresentada quer assumir estas ideias fundamentais e enfatiza com isso que a reflexão sobre a globalização, hoje mais do que nunca, é desafiada a corresponder à multiplicidade e à complexidade de processos globais. Um pensamento da factibilidade que quer controlar a dinâmica global em um sentido mecanicista é, deste modo, rejeitado, pois não é adequado à atual situação da sociedade mundial. Em lugar disso é enfatizado o caráter de rede da globalização, buscando-se novas formas de cooperação. A filosofia da globalização deveria continuar a pensar exatamente nessa tradição do pensamento cosmopolita.

REFERÊNCIAS BIBLIOGRÁFICAS (INDICAÇÕES)

As indicações bibliográficas servem, por um lado, como referência das citações utilizadas neste volume. Por outro lado, elas são aqui compreendidas também como sugestões para as leitoras e os leitores que querem ocupar-se com aspectos específicos da filosofia da globalização. Na seleção dos artigos e livros atentou-se para que estes fornecessem um bom panorama, abrissem perspectivas interessantes sobre o tema e fossem escritos de modo acessível.

Cosmópolis e filosofia da globalização

MOUFFE, C. Eine kosmopolitische oder eine multipolare Weltordnung? *Deutsche Zeitschrift für Philosophie*, 53/1 (2005) 69-81.

NIDA-RÜMELIN, J. Zur Philosophie des Kosmopolitismus. *Zeitschrift für Internationale Beziehungen*, 13/2 (2006) 227-234.

POGGE, T. Kosmopolitanismus und Souveränität. In: LUTZ-BACHMANN, M., BOHMANN, J. (Hrsg.). *Weltstaat oder Staatenwelt?* Für und wider die Idee einer Weltrepublik. Frankfurt am Main, 2002, p. 125-171.

SAFRANSKI, R. *Wie viel Globalisierung verträgt der Mensch?*. München/Wien, 2003.

TOULMIN, S. *Kosmopolis.* Die unerkannten Aufgaben der Moderne. Frankfurt am Main, 1991.

Descrevendo a globalização

ALTVATER, E. et al. (Hrsg.). *Vernetzt und verstrickt.* Münster, 1997.

BECK, U. *Perspektiven der Weltgesellschaft.* Frankfurt am Main, 1998.

DESAI, M. *Marx's Revenge.* The Resurgence of Capitalism and the Death of Statist Socialism. London, 2002.

FOUCAULT, M. Der maskiert Philosoph. In: _____. FOUCAULT, M. *Von der Freundschaft als Lebensweise.* Berlin, 1984, p. 9-24.

Habermas, J. *Strukturwandel der Öffentlichkeit.* Untersuchungen zu einer Kategorie der bürgerlichen Gesellschaft. Neuwied, 1962.

Landes, D. S. *Wohlstand und Armut der Nationen.* Warum die einen reich und die anderen arm sind. Berlin, 1999.

Luhmann, N. *Die Gesellschaft der Geselschaft.* Frankfurt am Main, 1997.

Mall, R. A. *Essays zur interkulturellen Philosophie.* Nordhausen, 2003.

Messner, D. *Die Netzwerkgesellschaft.* Wirtschaftliche Entwicklung und internationale Wettbewerbsfähigkeit als Probleme gesellschaftlicher Steuerung. Köln, [2]1998.

Opitz, P. J. (Hrsg.). *Weltprobleme im 21. Jahrhundert.* München, 2001.

Osterhammel, J., Peterson, N. P. *Geschichte der Globalisierung.* Dimensionen, Prozesse, Epochen. München, 2003.

Schlosser, G. *Einheit der Welt und Einheitswissenchaft.* Grundlegung einer allgemeinen Systemtheorie. Braunschweig/Wiesbaden, 1993.

Stiftung Entwicklung und Frieden (Hrsg.). *Globale Trends.* Frankfurt/M. (publicação bianual).

Willke, H. *Atopia.* Studien zur atopischen Gesellschaft. Frankfurt am Main, 2001.

Wimmer, F. M. *Interkulturelle Philosophie.* Eine Einführung. Wien, 2004.

Wissenschaftliche Arbeitsgruppe für Weltkirchliche Aufgaben der Deutschen Bischofskonferenz (Hrsg.). *Die vielen Gesichter der Globalisierung.* Perspektiven einer menschengerechten Weltordnung. Eine Studie der Sachverständigengruppe ‚Weltwirtschaft und Sozialethik' und der kirchlichen Werke Adveniat, Caritas international, Misereor, missio Aachen, missio München und Renovabis. Bonn, 1999.

Ética da globalização

Brieskorn, N. *Menschenrechte.* Eine historisch-pilosophische Grundlegung. Stuttgart, 1997.

Fikentscher, W. (Hrsg.). *Globale Gerechtigkeit.* Bamberg, 2001.

Höffe, O. *Wirtschaftsbürger — Staatsbürger — Weltbürger.* Politische Ethik im Zeitalter der Globalisierung. München, 2004.

Kuschel, K.-J., Pinzani, A., Zillinger, M. (Hrsg.). *Ein Ethos für eine Welt?* Globalisierung als ethische Herausforderung. Frankfurt am Main/New York, 1999.

Lutz-Bachmann, M., Bohmann, J. (Hrsg.). *Frieden durch Recht.* Kants Friedensidee und das Problem einer neuen Weltordnung. Frankfurt am Main, 1996.

Merle, J.-C. (Hrsg.). *Globale Gerechtigkeit.* Stuttgart, 2005.

Reinalter, H. (Hrsg.). *Ethik in Zeiten der Globalisierung.* Wien, 2007.

Modelos de geopolítica

Brunnengräber, A. (Hrsg.). *NGOs im Prozess der Globalisierung.* Mächtige Zwerge — umstrittene Riesen. Bonn, 2005.

CHWASZCZA, C., KERSTING, W. (Hrsg.). *Politische Philosophie der internationalen Beziehungen.* Frankfurt am Main, 1998.

COMISSION ON GLOBAL GOVERNANCE, STIFTUNG ENTWICKLUNG UND FRIEDEN (Hrsg.). *Nachbarn in Einer Welt.* Bonn, 1995.

CZEMPIEL, E.-O. *Kluge Macht.* Außenpolitik für das 21. Jahrhundert. München, 1999.

FUES, T., HIPPLER, J. (Hrsg.). *Globale Politik.* Entwicklung und Frieden in der Weltgesellschaft (Festschrift Nuscheler). Bonn, 2003.

GIDDENS, A. Die große Globalisierungsdebatte. In: KLEINER, M., STRASSER, H. (Hrsg.). *Globalisierungswelten.* Kultur und Gesellschaft in einer entfesselten Welt. Köln, 2003, p. 33-47.

GOSEPATH, S., MERLE, J.-C. (Hrsg.). *Weltrepublik.* Globalisierung und Demokratie. München, 2002.

HÖFFE, O. *Demokratie im Zeitalter der Globalisierung.* München, [2]2002.

INTHORN, J. (Hrsg.). *Zivilgesellschaft auf dem Prüfstand.* Argumente, Modelle, Anwendungen. Stuttgart, 2005.

LOHMANN, G. Menschenrechte und "globales Recht". In: GOSEPATH, S., MERLE, J.-C. (Hrsg.). *Weltrepublik.* Globalisierung und Demokratie. München, 2002, p. 52-62.

LUTZ-BACHMANN, M., BOHMANN, J. (Hrsg.) *Weltstaat oder Staatenwelt?* Für und wider die Idee einer Weltrepublik. Frankfurt am Main, 2002.

MESSNER, D. Globalisierungsanforderungen an Institutionen deutscher Außen- und Entwicklungspolitik. *Aus Politik und Zeitgeschichte,* 51, 18/19 (2001) 21-30.

MESSNER, D., NUSCHELER, F. *Das Konzept Global Governance.* Stand und Perspektiven. Duisburg, 2003 (INEF-Report 76).

MÜLLER, J. *Entwicklungspolitik als globale Herausforderung.* Methodische und ethische Grundlegung. Stuttgart, 1997.

NUSCHELER, F. (Hrsg.). *Entwicklung und Frieden im 21. Jahrhundert.* Zur Wirkungsgeschichte des Brandt-Berichts. Bonn, 2000.

REDER, M. *Global Governance.* Philosophische Modelle der Weltpolitik. Darmstadt, 2006.

WILLKE, H. *Heterotopia.* Studien zur Krisis der Ordnung moderner Gesellschaften. Frankfurt am Main, 2003.

ZÜRN, M. *Regieren jenseits des Nationalstaates.* Frankfurt am Main, 1998.

Filósofos sobre a globalização

DERRIDA, J. *Gesetzeskraft.* Der "mystische Grund der Autorität". Frankfurt am Main, 1991.

_____. *Schurken.* Zwei Essays über die Vernunft. Frankfurt am Main, 2003.

ENGELS, F., MARX, K. *Manifest der Kommunistischen Partei.* In: *Marx-Engels-Werke.* Berlin, 1974, v. 4.

FIGUEROA, D. *Philosophie und Globalisierung.* Würzburg, 2004.

Habermas, J. *Theorie des kommunikativen Handelns*. Frankfurt am Main, 1981.

_____. *Die postnationale Konstellation*. Frankfurt am Main, 1998.

_____. *Der gespaltene Westen*. Frankfurt am Main, 2004.

Kant, I. *Zum Ewigen Frieden*. Ein philosophischer Entwurf [1795]. In: *Kants Werke*. Berlin, v. VIII, p. 341-386.

Marx, K. *Das Kapital*. Kritik der politischen Ökonomie. In: *Marx-Engels-Werke*. Berlin, 1969, v. 23-25.

Rawls, J. *Eine Theorie der Gerechtigkeit*. Frankfurt am Main, 1979.

_____. *Das Recht der Völker*. Berlin, 2002.

Rorty, R. *Kontingenz, Ironie und Solidarität*. Frankfurt am Main, 1989.

_____. *Stolz auf unser Land*. Die amerikanische Linke und der Patriotismus. Frankfurt am Main, 1999.

Walzer, M. *Sphären der Gerechtigkeit*. Ein Plädoyer für Pluralität und Gleichheit. Frankfurt am Main, 1992.

_____. *Lokale Kritik — globale Standards*. Zwei Formen moralischer Auseinandersetzung. Hamburg, 1996.

Facetas da filosofia da globalização

Aus Politik und Zeitgeschichte. Fascículo sobre o tema "Ökologische Gerechtigkeit", 24 (2007).

Beck, U. *Der kosmopolitische Blick oder*: Krieg ist Frieden. Frankfurt am Main, 2004.

Derrida, J., Vattimo, G. *Die Religion*. Frankfurt am Main, 2001.

Die Deutschen Bischöfe, Komission für Gesellschaftliche und Soziale Fragens Kommission Weltkirche (Hrsg.). *Der Klimawander: Brennpunkt globaler, intergenerationeller und ökologischer Gerechtigkeit*. Ein Expertentext zur Herausforderung des globalen Klimawandels. Bonn, 2006.

Fonari, A. (Hrsg.). *Menschenrechts-, Arbeits- und Umweltstandards bei multinationalen Unternehmen*. Vom Global Compact und anderen Initiativen zu Global Governance? München, 2004.

Graf, F. W. *Die Wiederkehr der Götter*. Religion in der modernen Kultur. München, 2004.

Großße Kracht, H. J. *Kirche in ziviler Gesellschaft*. Studien zur Konfliktgeschichte von katholischer Kirche und demokratischer Öffentlichkeit. Paderborn, 1997.

Habermas, J. *Zwischen Naturalismus und Religion*. Philosophische Aufsätze. Frankfurt am Main, 2005.

Habermas, J., Derrida, J. *Philosophie in Zeiten des Terrors*. Zwei Gespräche. Berlin/ Wien, 2004.

Hepp, A. (Hrsg.). *Globalisierung der Medienkommunikation*. Eine Einführung. Wiesbaden, 2005.

Jonas, H. *Das Prinzip Verantwortung*. Versuch einer Ethik für die technologische Zivilisation. Frankfurt am Main, 1979.

KLEINSTEUBER, H. J., ROSSMANN, T. (Hrsg.). *Europa als Kommunikationsraum.* Akteure, Strukturen und Konfliktpotenziale. Opladen, 1994.

KREBS, A. (Hrsg.). *Naturethik.* Grundtexte der gegenwärtigen tier- und ökoetischen Diskussion. Frankfurt am Main, 1997.

KÜNG, H. (Hrsg.). *Globale Unternehmen und globales Ethos.* Der globale Markt erfordert neue Standards und eine globale Rahmenordnung. Frankfurt am Main, 2001.

MAAK, T., LUNAU, Y. (Hrsg.). *Weltwirtschaftesethik.* Globalisierung auf dem Prüfstand der Lebensdienlichkeit. Bern, 1998.

MÜLLER, J., REDER, M. (Hrsg.). *Globale Solidarität durch weltweite Kommunikation?.* Stuttgart, 2002.

MÜLLER, J., REDER, M., KARCHER, K. (Hrsg.). *Religionen und Globalisierung.* Stuttgart, 2007.

MÜLLER, J., WALLACHER, J. *Entwicklungsgerechte Weltwirtschaft.* Perspektiven für eine sozial- und umweltverträgliche Globalisierung. Stuttgart, 2005.

NIDA-RÜMELIN, J., PFORDTEN, D. v. d. (Hrsg.). *Ökologiche Ethik und Rechtstheorie.* Baden-Baden, 1995.

RAHMSTORF, S., SCHELLNHUBER, H. J. *Der Klimawandel.* Diagnose, Prognose, Therapie. München, [5]2007.

REDER, M., SCHMIDT, J. (Hrsg.). *Bewusstsein von dem, was fehlt.* Eine Diskussion mit Jürgen Habermas. Frankfurt am Main, 2008.

REDER, M., SCHROEDER, A. Global Deal für Klima- und Entwicklungspolitik. In: *Dossier welt-sichten,* 2008, n. 5, 3 ss.

RORTY, R., VATTIMO, G. *Die Zukunft der Religion.* Frankfurt am Main, 2006.

SENGAAS, D. *Zivilisierung wider Willen.* Der Konflikt der Kulturen mit sich selbst. Frankfurt am Main, 1998.

SIMONIS, U. E. *Globale Umweltpolitik.* Ansätze und Perspektiven. Mannheim, 1996.

STIGLITZ, J. *Die Chancen der Globalisierung.* München, 2006.

ULRICH, P. *Integrative Wirtschaftsethik.* Grundlagen einer lebensdienlichen Ökonomie. Bern, [3]2001.

WALLACHER, J., REDER, M., KARCHER, T. (Hrsg.). *Unternehmensethik im Spannugsfeld der Religionen und Kulturen.* Stuttgart, 2005.

WALZER, M. *Erklärte Kriege — Kriegserklärungen.* Essays. Hamburg, 2003.

WISSENSCHAFTLICHEN ARBEITSGRUPPE FÜR WELTKIRCHLICHE AUFGABEN DER DEUTSCHEN BISCHOFSKONFERENZ (Hrsg.). *Welthandel im Dienst der Armen (Studie der Sachverständigengruppe "Weltwirtschaft und Sozialethik").* Bonn, 2006.

WISSENSCHAFTLICHER BEIRAT DER BUNDESREGIERUNG GLOBALE UMWELTVERÄNDERUNGEN (Hrsg.). *Welt im Wandel* — Armutsbekämpfung durch Umweltpolitik. Berlin/ Heidelberg, 2005.

ÍNDICE ONOMÁSTICO

Este livro foi composto nas famílias tipográficas
Avenir e *Minion*
e impresso em papel *Offset 75g/m²*

FSC
www.fsc.org
MISTO
Papel produzido
a partir de
fontes responsáveis
FSC® C008008

Edições Loyola

editoração impressão acabamento

rua 1822 nº 341
04216-000 são paulo sp
T 55 11 3385 8500
F 55 11 2063 4275
www.loyola.com.br